聖嚴法師教禪坐

聖嚴法師・著

自序

從一九九二年二月九日至十二日之間，我在法鼓山舉辦第一屆社會菁英禪修營（編案：本活動已改名為「自我超越禪修營」）以來，到今年一九九五年十月十日結束第九屆，每次三整天的禪修活動為止，已歷三個半年頭。參與的人數，從第一屆僅四十位社會各界的名流，到第九屆的成員一百零五人，總數已有四百七十六位，都是來自政經、工商、學術、文教、傳播、演藝等各界的社會傑出人士。

每屆結束之時，都有人建議，不要使用「社會菁英」來稱呼他們，我到現在還不知道該用什麼更適當的名稱來標示他們，他們若不是各界管理層次的領袖人物，便是對於當今社會深具影響力的優秀人才。

每屆結束時，大家都會提出同樣的希望，盼能將我在禪修營中的開示，印刷成書，好讓他們參考使用。這樣的禪修課程，我和我的出家弟子們提供的是：盡心盡力的服務精神、正知正見的佛法觀念、安全實用的禪修方法。在短短的三天之中，除了每日的作息時間表之外，僅有課目的五個主題：

（一）實用的禪修方法。

（二）健康的禪修觀念。

（三）因人而異的禪修層次。

（四）灑脫自在而又精進不懈的禪修精神。

（五）以禪者的修養活用於自我的調適及環境的因應。

我雖全程擔任指導禪修的角色，卻未備任何書面的講義。因為課程的功能雖相同，每屆禪眾的背景根器則互異，我的授課內容也不能沒有差別。所以無法編定刻板式的教材課本。故也未將每屆的授課錄音帶整理成文。到了第四屆圓滿後，有一位蘇麗美居士，發心將一九九三年九月一日至四日間的錄音帶，全部抄錄編輯，用電腦打字成了文章，送我過目，有感於她的熱心，經我刪修潤飾之後，便是本書第一至第四部分內容。

一九九四年春，我從臺北回到紐約，也在東初禪寺舉辦了第一屆華人社會的菁英禪修營，由於場地及時間的因素，只能將我在臺灣三天的課程，濃縮在一天之內授畢，效果也還不錯。故由戴玉冰居士，錄音整理成稿。那便是本書的第五部分「禪修的功能」了。

本書即行面世，略述因緣，聊以為序。

一九九五年十月二十日晨聖嚴序於臺北市北投農禪寺

目錄

禪修方法指導

一、禪修重在體驗

諸位菩薩來法鼓山參加禪修營，除了聽聞佛法之外，就是要學習禪修的方法，用來達成發明自我的目的。

禪是什麼？從字面的意義看，禪是一種「冥想」，並用冥想的方法達到入定的境界。禪的內容，則是很難用言語文字表達的，必須親身去體證。

就像一個從未看過、吃過芒果的人，無論你如何形容芒果的顏色、形狀、味道，他都無法領會，除非他親自去品嘗。又如盲人問色，一個雙目從小就失明的人，想知道白色是什麼樣子？就有人告訴他像白布、白紙一樣的白，有人告訴他像白鵝、白鴿一樣的白，也有人告訴他像白雪、白粉一樣的白。結果這個盲人糊塗了，他原以為白色的潔白應該是很單純的，怎麼大家把它說成那麼複雜呢？原因是從未見過白色，所以任人怎麼說，他還是無法想像。

對於尚未進入禪門的人，禪是不能用語言文字來說明的東西，也無法依靠語言文字的說明來了解它。但語言文字卻能引導或指示初學者如何去親自體驗它。因為禪的經驗就是「如人飲水，冷暖自知」，要靠自己品嘗。

二、禪修入門方法

禪的修行方法，原則上不出乎調飲食、調睡眠、調身、調息和調心等五要素，而以後三者更重要，目的是為調理身心，關鍵則在不能離開氣息而談身心的健康和統一。

（一）暖身運動

一般所講調身的主要方法，指的是打坐的坐姿，除了坐姿之外，還有行走、站立和躺臥等方法，就是所謂的坐禪、行禪、立禪、臥禪。

在坐前和坐後也需要有運動及按摩做輔助。我們的身心若要健康，必須動與靜並重兼顧。運動及按摩是為使血液循環通暢、氣脈運行活潑、肌肉和神經鬆弛，才能使身體舒適，即所謂氣和而後心平。

若身體缺少運動，生理機能便易於老化和感染病痛，運動使生理機能，由緊張而鬆弛，能夠得到更多的營養補給及休息的機會。禪者的運動，講求心念集中，氣息和順。禪者的運動本身，就是修行禪定的方法之一。所以我們對調身的方法，是要運動與打坐並重的。

我們所教的運動，只需兩公尺見方或一個人身的長度，乃至僅容身體坐下及站立的一小塊空間，也就夠了；且不論男女老少，健壯衰弱，都可以安全地練習。

扭腰甩手

腰部運動

扭腰畫圈

早上起床後，未活動前勿打坐，應先做一套簡易的暖身運動，讓筋骨鬆軟後再打坐。

1. **扭腰甩手**：兩腳站開與肩同寬，轉腰甩手，腳不動，身體盡量向右後轉，左手掌順手打到右肩上，再向左後轉，做同樣動作，左右分別甩打十次。

2. **腰部運動**：雙手插腰，眼睛睜開，先以順時針方向轉動上半身與腰部，再逆時針轉動，分別各轉十次。

3. **扭腰畫圈**：雙手伸直高舉，身體做三百六十度旋轉，順、逆時針分別各十次。

膝部運動

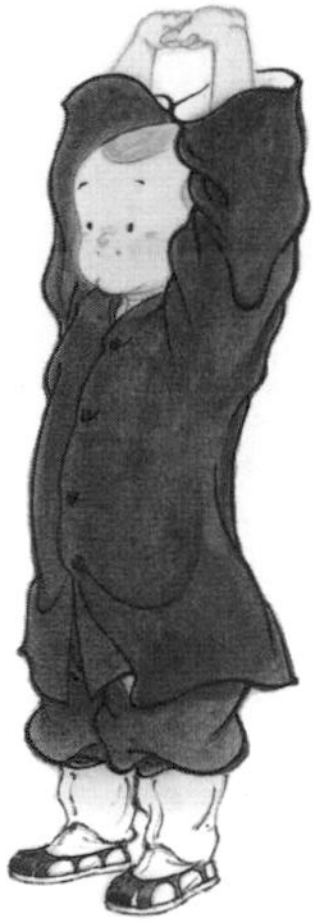

擎天觸地

甩手屈膝

4. **甩手屈膝**：一邊雙手前後擺動，手臂盡量提到與肩平，同時雙腳隨著手的擺動原地踮腳頓腳，做一百次。

5. **擎天觸地**：雙手交叉，手心向外翻掌，掌心朝上，手往上抬，腳跟同時提起，愈高愈好。再向下彎使手掌觸地。

6. **膝部運動**：雙腳併攏半蹲，雙手扶在雙膝上先順時針轉十圈，再逆時針轉十圈；最後站立轉動右腳踝，及左腳踝各十次。次數多寡可自行斟酌增減。

深呼吸

頭部運動

（二）頭部運動

每次坐禪之前，不論有否做上述之暖身運動，均須做下述的頭部運動。

坐下蒲團後，先將兩手平置於左右兩膝，勿用力，身體坐正，再做頭部運動的四個步驟：1.頭向下低，再往後仰；2.頭向右傾，再往左傾；3.頭向右後轉，再向左後轉；4.頭以順時針方向，向前、向右、上仰、左轉，再逆時針方向，向前、向左、上仰、右轉。每個步驟身體不動，肌肉和神經放鬆，各做三次。動作緩慢柔軟，眼睛睜開，呼吸自然。頭部運動的目的，在使頭部血液減少，降低思潮起伏的動力；使頭腦清新，漸漸寧靜。

做完頭部運動，把左右手掌放在丹田（臍下約三指）處，雙手兩拇指相觸，成一倒三角形，深吸一口氣，接著慢慢吐氣並向下彎腰，雙掌壓小腹幫助把氣吐出，直至氣完全吐完，連續做三次深呼吸。做深呼吸的目的在使體內的濁氣排出，換取新鮮帶氧的空氣，使血液循環順暢。

（三）七支坐法

做好預備動作，便可開始坐禪了。正統的禪坐方法，是七支坐法。所謂七支坐法是：

1. **雙足跏坐**：此有二式：

⑴如意吉祥坐：通常是以左腳在下，右腳置於左大腿上，再將左腳置右大腿上，稱為如意吉祥坐。

不動金剛坐

如意吉祥坐

(2)不動金剛坐：將右腳在下，左腳置於右大腿上，再將右腳置於左大腿上，稱為不動金剛坐。（編案：本書關於吉祥坐與金剛座的敘述，與傳統說法剛好相反，相關內容可參見《一切經音義》卷八）這兩種坐法，對於年長及初學的人，很難做到。

初學的人如無法雙盤，可改為單盤的半跏坐，只要將一隻腳置於另一邊的大腿上即可。左腳在右小腿下或右腳在左小腿之下均可。

對於無法雙盤及單盤的人，開始時還可以採用更簡易的坐法。如：

(1)交腳坐：兩腳均置於地，向內

跨鶴坐

交腳坐

單盤的半跏坐

向後收，兩腳掌向上，置於兩小腿乃至兩大腿之下。

(2)跨鶴坐：即雙膝跪下，將軟墊置於髀下，如騎在鶴背上，兩腳的大拇指上下交疊，將臀部坐落在髀下的墊子上。

(3)天神坐：左腳坐如半跏式，曲向內，置於身前；另一腳曲向外，置於身後側。南傳上座部佛教徒，席地聞法時多用此式，乃至坐禪時的初步坐法也用此式。

(4)如意自在坐：此式係模仿菩薩八相成道，自兜率天下降人間之前的坐姿，左腳坐如半跏式，曲向內，腳

正襟危坐

如意自在坐

天神坐

跟置於會陰前，右腳垂立、曲膝置於右胸前，左右兩手平覆分置於左右兩膝，或合抱於垂立的膝蓋。

(5)正襟危坐：以上各種坐法，均係席地而坐，此式則坐於與膝同高的椅子上或板凳上，兩腳平放於地，兩小腿垂直，兩膝間容一拳的距離，背不可倚靠任何東西，僅臀部坐實，大腿宜懸空，與小腿成一直角。

以上各種坐法，僅坐姿及手姿略有不同之外，其他仍採用七支坐法規定的標準。功效最大最快且能經久穩固的坐姿，仍係最難的雙足跏坐。因此，初學的人即使無法雙盤，至少要多練習習慣於單盤。

2.**背脊豎直**：腿盤好之後，挺起腰桿，勿挺胸部，頭頂天垂直，下顎內收，頷壓喉結。

3.**手結法界定印**：兩手圈結，右手在下，左手在上，兩拇指輕輕相接結成圓圈形，輕輕平置於丹田下的髖部腿上。

4.**放鬆兩肩**：將兩肩肌肉放鬆，自覺如無肩無臂無手的狀態。

5.**舌尖微抵上顎**：舌尖抵在門牙上齦的唾腺處，不可用力，若有口水則緩緩嚥下肚去。

6.**閉口**：無論何時，只用鼻息，不可張口呼吸，除非有鼻病。

7.**眼微張**：閉八分開二分，視線投置於身前二、三尺處的地上的一點，不是要看什麼，只因睜大了眼睛，心易散亂；閉起了眼睛，則易昏沉。如果睜眼過久覺得疲勞，不妨閉上一會兒。

打坐的目的，是求心境平穩，而心情與呼吸有著極為密切的關係。也就是說要想調心，必先從調息入手。不論中國的道家、印度的瑜伽、西藏的密宗或中國的天台宗等，談及修行禪定的次第，必定重視呼吸與氣的調適問題。

人體的生理及心理的動靜，與呼吸的氣和息，有著依存的關係。呼吸是指普通人每分鐘十六次的出入息。禪修者的呼吸在漸漸地緩慢深長微細之時，稱為「息」。由息的力量，推動血液製造能源，由能源產生甦活生理機能的作用，稱為「氣」。當禪修者感受到由氣所產生的作用時，稱為「覺受」，有覺受經驗的人，便會覺得坐禪，確是人生的一大幸福和恩惠了。

現在請大家起立一起練習打坐前的運動。做好運動之後，坐下來做頭部運動和深呼吸。

（四）放鬆身心

一般的圓蒲團，不宜整個坐滿，看個人情況可坐二分之一或三分之一，以利於腰桿之挺直；腿下可置硬軟適中的方墊。打坐時身心要完全放鬆，所以身上盡量不要戴項鍊、手表或眼鏡等物品，最好穿寬鬆之衣褲，腰帶放鬆，讓身體完全無壓力負擔。

大家坐好之後，開始把身體放鬆，在心裡依序告訴自己頭部、眼球、臉部肌肉、頸部、肩部、雙臂、背腰、小腹、腿部一一放鬆，把重心放在臀部，把氣沉到丹田。任何部位甚至皮膚都要完全放鬆，只要有壓力就會緊張，緊張便會影響神經系統，乃至於消化及分泌系統。

身體完全放鬆之後，眼睛微張約二、三分眼，眼球不要用力，頭腦不想任何事，臉部肌肉放鬆略帶微笑，心裡要有喜悅感，舌抵上顎、下巴內收、腰椎挺直，兩個手在臍下結法界定印，左手掌上、右手掌下、雙手兩個大拇指相接。之後便不再注意身體，將重心放在臀部和坐墊之間，開始注意自己的呼吸。此時把身體交給蒲團，把心交給方法。

如果有瞌睡或昏沉的現象，把眼睛睜開睜大，等精神好了再微閉。注意呼吸是非常無聊的事，容易昏沉或胡思亂想，腦中妄想紛飛。我們應該上課的時候專心上課，吃飯的時候專心吃飯，睡覺的時候專心睡覺，做任何事都要把心專注其上。

（五）數呼吸

注意呼吸時間久了，可能覺得很無趣，現在教給各位另外的方法：1.數呼吸（數息法），2.念佛號。這些方法同樣是要達到心無二用，令心念專注之目的。

先練習數呼吸，注意呼吸之出入。一般人呼吸，出息時間較長，入息時間較短，所以我們數呼吸時，只數出息，不管入息，每一次呼出的時候數一個數目，到了吸入的時候，仍停留在該數字上，到下一口氣呼出的時候，才換下一個數目。

平常人每分鐘呼吸大約十四至十六次。不能故意控制呼吸，否則胸部會不舒服。

當打坐經驗相當豐富之後，呼吸自然會逐漸慢下來，到每分鐘四至五次，那已經是要入定的程度了。一般呼吸到了每分鐘十次，心已經相當安定、平穩。

如果呼吸急促，必然是非常煩悶、恐懼、急躁、興奮的現象。呼吸和脈搏是息息相關的，呼吸有問題，脈搏必然也會有問題；脈搏快，呼吸也一定有問題，所以要用平常的呼吸方式呼吸。

數息法是在每一個出息時數一個數字，從一數到十，然後重回到一再數到十，周而復始，反覆地數。數息的時候，一旦起了妄念或雜念，無論中途數到多少，都得重回到一數起，因此往往無法順利從一數到十，不是數不到十，就是數過了頭而不自覺。開始數息可能覺得新鮮，等數了一段時間後也會覺得無聊，所以要練習著對於每一口氣的每一個數目，經常保持新鮮感。

（六）數佛號

有些人不數息，呼吸很正常，一旦數息，呼吸便急促不自然。如是這樣，可試試念佛的方法，就是念阿彌陀佛或觀世音菩薩聖號。

念佛之法，除了單純地念佛號之外，也可念佛數數，即念一句阿彌陀佛或觀世音菩薩聖號，數一個數目，如阿彌陀佛一、阿彌陀佛二……，也是從一數到十，周而復始。其目的宗旨在讓自己的心念能集中專注。

念佛數數法與呼吸無關，不需配合呼吸，不要太快也不要太慢，不疾不徐，念一句佛號數一個數目，清清楚楚地知道這個數目的存在，再繼續往下念第二句佛號第二個數目，很清楚地把注意力集中在所數的數目上，與數息法在每一個出息上數數的意義是相同的。

各位可選擇適合自己的方法來做工夫，隨息法、數息法、念佛法、念佛數數法均可，但最好只選一樣，不要一下用此法，一下用彼法，要專心一意在同一個方法上調心。

（七）調心方法

調身、調息、調心的調，就是調整的意思。打坐時候的動作、姿勢與調身有關；調息則與呼吸的出入有關。注意呼吸的出入，心自然而然會平靜下來。心息相通，心能平靜，各種胡思亂想，種種心理活動及衝動，自然也會穩定下來，是為調息、調心。

念佛與呼吸無關，與調心有關。心緒非常昏亂，念佛可以念得急促；心緒相當平靜，念佛就當緩慢。念佛數數也是從一數到十，再回頭重複的原因，是為防止變成機械式地數數，即口在數數，而腦在胡思亂想，數目卻仍數得很好。我們從小就已會數數，這就是為什麼有人數息時一不小心，一數就數到一百、二百，並認為數到二百比數到十還容易。

每十個數字要回頭一次很麻煩，但我們的目的不在數數，是要使我們的心隨時隨地專注在一點上，不離開這個範圍。亦即心不離開我們用功的方法。數息不離呼吸出入的感覺，念佛不離佛號，也就是把心收回來攝在一點上。其目的是希望達到自我了解、自我認識、自我肯定的功能。

若對自己的心念活動不清楚，即表示對自己是不夠了解的；若對自己的了解愈深刻，則對自己的信心便愈堅固，能發揮的能力也愈強大。對自己愈不了解，愈容易做錯事、說錯話，那是因為心不由己地胡思亂想，口不擇言地胡說八道，身不由主地輕舉妄動，這些在在都顯示自己不了解自己，所以無法掌握自己。

想避免發生這些身不由己、心不由己的現象，就必須認識自己、了解自己、肯定自己，對自我了解愈清楚，發生錯誤的機會就愈少；相對地，自我的思考、判斷及言行舉止，也會愈正確。當我們對自己的心念愈能掌握，對自己的信心便愈加強，就能達到從自我認識而自我肯定而自我成長的目的。

佛法是教我們要放棄自我、要無我的，但在達到無我之前，先得要建立自我；先要提得起，才能放得下。當自我是什麼都不知道時，如何放得下呢？

（八）起坐前的全身按摩

打坐結束，要起坐（出定）之前，心要先動，告訴自己要起坐了，身體跟著慢慢搖動，雙手合掌，雙手放在膝蓋上，將身體做較大幅度的搖動，把每一個關節都搖動後，把腿放開，然後做全身的按摩。

按摩的順序是先搓熱兩掌，用拇指背輕輕按摩雙眼眼眶，並用搓熱的手掌心敷壓眼球；再用雙掌按摩臉部、額頭、後頸、兩耳、雙肩、兩臂、手背、胸部、腹部、背部、腰部，尤其是兩臂腋下多淋巴結處、後腰腎部及命門，多多按摩有益健康；接下來右邊大腿、膝蓋、小腿，左邊大腿、膝蓋、小腿及輕柔轉動雙足腳踝。

打坐的人，後腰非常重要，應多按摩。

按摩小腿時從膝蓋骨下三指的足三里處，往下一路按下去，會有點痛，但對胃腸有調節作用。

當生活、工作緊張，壓力大時，火氣大，肝火上升，容易便祕。在肚臍眼左右兩側各三指處，用二或三個手指稍微用力壓下去，壓三、五次就有效了，大便不通比氣不通還不舒服，也會影響打坐的興趣。

此自我按摩的運動法，可使初學坐禪而感到的疲勞，完全消除，身心感到柔和溫暖與舒暢。按摩時，必須將注意力集中於掌心或指頭。整套按摩約十五分鐘可做完，如做得簡單些，則約三、五分鐘亦可做完。除了打坐之外，平常感覺疲累、睏倦時，都可做做全身的按摩，對消除疲勞很有功效。

現代人很流行找人按摩消除疲勞，其實自己的氣是最好依靠自己打通。

（九）打坐注意事項

當腦筋清楚，體力充沛的時候，最適合打坐，最好養成每天固定的時間打坐，例如早上早些起床，晚上洗完澡睡前各坐一次，每次至少十五至二十分鐘，如能坐到半小時至一、兩小時更佳。

早上起床刷牙洗臉後，喝些溫開水再坐較好，如覺得累，喝一杯咖啡提神亦無不可，沒有嚴格限制，但不要喝太濃的咖啡，會使心腦興奮，不易定得下來。

吃太飽、喝醉酒、太疲倦、做過劇烈運動或剛有過性行為者，身心均處在乏力狀態，不宜打坐。

向來有子、午二個時段不宜打坐的說法，但現代人的生活習慣與以前的人不同，如碰上只有子、午二個時段才有時間打坐時，只要坐的時間不是太長，亦是無妨的。

我們要學習放鬆，隨時練習在使用頭腦時能不用眼睛，用方法使眼睛、小腹放鬆，可以節省很多能源，此外，也要注意營養的均衡，使能做到「開源節流」。

能源充足能使我們身體各管道沒有阻力，氣脈便能暢通，那麼消化系統、循環系統和神經系統也都能通暢，我們用打坐、運動的方法來達到這樣的目的，這是屬於健身（調身）。

打坐時腰桿原是挺得很直的，坐久了，會慢慢彎了下來，如不是彎得很厲害，不需刻意調整姿勢，那會使自己緊張。如果氣通了，背椎腰背會自己挺直的，完全是由氣帶動，不是人為的操控，這是非常奇妙的現象。

不常打坐的人單盤腿就可以了。如果是瘦子，雙盤時雙腿會卡得很痛；如果是胖子，則兩腿的腿肉會把雙腿卡成一高一低，也不舒服，單盤比較平穩。

打坐時如覺得時間過得很慢，是因為心不能安定，心裡不自在的緣故。時間的長短跟心情有絕對的關係，心不能適應，就覺得時間長，心能適應，便覺得短。所以佛經裡說，在地獄覺得時間特別長，在天堂覺得時間特別短。當心不能適應時，便需要予以調整，方能得自在。

三、經行、立禪

經是持續不斷、經常不變的意思。經行是指在行走之中，我們的心念沒有被自己的妄念及外界的環境打斷，亦即行走的過程中，我們的心不要被自己內心的妄念和外在的環境打斷。

（一）經行方法

經行的方法是右手握虛拳，左手手掌抱住右手，置於前腰之前。慢步經行時，每一步都盡量地慢，一腳跨出，先將腳尖著地，再慢慢將腳掌、腳跟放下，平常每跨一步，大約半個腳掌至三分之二腳掌的長度，也可視情況調整。經行時要清清楚楚地感覺每一步的跨出、著地及換腳的感覺，尤其要把注意力落定在腳尖、腳掌、腳跟著地的每一瞬間。

除了動作之外，經行時的調息、調心方法，均與打坐時相同。基本上從頭到腳，全身的每個部位，都要盡量完全地放鬆，頭頂天、收下顎、縮小腹、腰背挺直、眼睛微閉、自然地向下前方看，面帶喜悅地微笑。

腳雖是踩在水泥地上，因是腳尖先著地，重心在腳掌前端，因此感覺地是柔軟的，如是腳後跟先著地，便會感到地是硬的。當腳掌完全著地時，會感覺到地有一股吸引力，地就像一塊大磁石，把這隻像一小塊鐵一樣的腳吸住，每一腳踩下去，均被穩穩地吸住，無論身體如何搖晃，都不會影響腳步。提起腳時則感覺仍有吸力，因此僅能慢慢移動抬起，再換另一腳踩下去，兩隻腳都應是很穩定的。

一方面注意重心，一方面注意動作，注意動作的感覺從小腿到腳尖，每一個移動，都感覺得清清楚楚。此時聽不到四周的聲音，那跟自己無關；看不到周邊的景物，景物也跟自己無關。只是專心注意在兩腿兩腳的每一個動作。這是在鍛鍊心的忍耐性、穩定性和意志力。

（二）步步為營

經行時，在當下的一步尚未走好之前，千萬不要邁出第二步，此可稱為步步為營。營就是能攻能守，進退自如，攻能百戰百勝，守能固若金湯。如果只是站著不動，或者還沒站穩就動，都是不妥的。

有人說「活在現在，佛在現在」，正是此意。「現在」可長可短，短如一個念頭、一個動作、一小時、半天、一天、一個時段、一生一世等都是。精進修行的人，應當「剋期取證」，「期」即是指定一個時間的規畫，在此特定的期間，要完成一個預設的目標。在當下的此刻，要站得穩穩的，守得牢牢的，再把這一刻的心境，繼續延長為一個時段，在此時段內，全力以赴地完成既定目標，千萬不可半途而廢。這就是將現在延伸，而達成實證的目的。

一般的修行人，常會三心二意，例如今天念佛，明天持咒，後天拜懺等，這樣的修行必修不好。應當先把方向掌握認定後，一門深入，堅持到底。這個原則，也可用於成事及做人，當依各人本身之資質，選定方向，奮力前進，即能完成一項大事業，至少也能盡力走完自己該走的路。否則就像賽跑時經常變換跑道，終其一生，便可能一事無成，卻還認為空有滿腔熱血，竟然落得英雄無用武之地，而怨天尤人。

經行時大家是同一方向走，每步均宜踩得很穩。當別人腳步寬時，跟著寬，別人慢下來時也跟著慢，否則別人慢自己快必發生衝撞，這是團隊精神。但在團體的大同中可有小異，經行時整體方向是一致的，唯腳步大小，則依個人情況，可大可小，加以調整，但不能影響整體之活動。所以集體修行有助於發揮對別人的關懷，以小看大，可擴及對團體、社會整體的關懷。

人是群體的動物，不可能離群索居，尤其現在的工商社會時代，人與人之間的關係更為密切，彼此均是息息相關的。因此個人的方向、目標，宜配合團體或全體的方向、目標而行。如硬要跟全體逆向而行，必然問題叢生，除非已發現他人走反了方向，能肯定自己的逆向而行才是正確的，那倒也可以糾正他人走出另一條正路來。

經行的時候，整個注意力集中在腳的移動和身體的移動，很清楚地感覺到自己腳踏實地、步步為營，不斷地往前進。這時的你，會發現愈走愈有意思，愈走愈感到愉快。

（三）立足點和方向感

當我們踩在茫茫的沙漠地上，那種感覺是虛浮不實的，人生過程中最重要的是立足點和方向感。生活中如常有踩不穩，和迷失方向之情況，無論是短暫的或終生的，都會給自己和別人帶來莫大的困擾。

在戶外經行，通常都感到輕鬆愉快又自在。有些人感覺慢步經行比快步經行更安定、更自在；有些人則覺得快步經行比慢步經行更能集中注意力，這與慧根之深淺無一定關係，倒是與個人的體質及生活習性有關。

有些人覺得，在禪堂裡打坐比在室外經行，更能感到安定和舒服；有些人相反。在禪堂裡打坐與在室外經行，都是必要的。透過動中修行與靜中修行，期使我們在生活中任何一種情況下，都能攝心收心，隨時隨地，動靜相宜。

在禪修營中所教授的方法很多，但是每一個人都可依照自己的狀況，選擇適合自己的方式去練習之後，便能慢慢體會到個中的妙用。這套禪修方法，對社會各界人士均適用，在不同的時代，也一樣適用。

（四）立禪

當我們等車、等人或搭乘巴士時，以及凡是需要站立時，便可用立姿修行，叫作立禪。

中國人所謂的打坐，英文的名稱叫 meditation，就是冥想的意思，冥想是坐、立、躺均可以做的。

冥想和思考不一樣，思考是集中精神去想一特定的事物，冥想則讓自己的頭腦完全放鬆使之處於很寧靜、明淨、空靈的狀態。有人形容冥想為跟自我的心靈約會。

在佛經裡，把 meditation 翻成思惟修。一般人的觀念認為禪坐就是「坐」，因此害怕來參加禪修活動，怕自己的腿不夠熟練，坐不下去。其實真正的參禪，也不是光靠用腿坐的，行、住、坐、臥，皆可參禪。

立禪的姿勢，上半身與打坐相同，雙手自然下垂，雙手握虛拳，手指自然輕鬆彎曲，大拇指輕輕扣住食指和中指，不宜用力，此式是讓指尖之氣，能相互交流不外洩，但不要為了做好這個姿勢而變得緊張。兩腳打開與肩同寬，膝蓋微彎，把重心平均放在雙腳的腳掌上，不要把身體重心集中在腳跟上，其用意在於可讓我們的上半身較為舒緩不緊張，且重心較穩。此時除膝蓋、小腿及腳掌，需稍微用力之外，身體其他部分，盡量地放鬆。

站好姿勢後，可用你平常用慣的方法，不論是隨息法、數息法、念佛法、念佛數數法的哪一種，都是可以的。

一般人在站立時，如把眼睛閉上，會有失去重心而身體搖晃之感，容易傾倒，所以練習立禪時，還是把眼睛睜開為宜。立禪是隨時隨地只要站立著便可做，不過，若在戶外，要記得把隨身的物品擺在腳前，方便照顧以免遺失。

當站立時，過五至十分鐘雙腳可能產生麻、僵、硬或累的感覺，可將身體重心移到一隻腳上，讓另一隻腳休息，等重心所在的腳累了，再換到另一隻腳上，雙腳相互交替，但切記勿頻頻換腳，避免影響身心之安定。站立時，要去感覺或想像著心中的輕安及喜悅。

參禪的重點雖不在「坐」，但以人體的結構、重心看，仍以「打坐」較為舒服、合適並且持久。唯在禪修時為變換姿勢，調劑身心，立禪仍不失為一種很好的輔助方法。

四、對治妄念，禪修與神通

（一）對治妄念

不論是在坐禪、立禪或經行時，總會有雜念持續不斷地浮現，並且無法有效摒除。

通常在用心思考告一個時段之後，會覺得疲倦，那是因為集中心力思考，非常消耗體能，同時要把雜念排除，也是很費體能，因此會有累的感覺。

如何能在雜念浮起時，加以化解，如何做到思考時，不覺得累？是需要透過訓練的：

1. 讓自己的心更忙些。當心裡沒事或太單純時，雜念也容易出現。譬如打坐時數息或念佛數數，雜念仍不斷浮現的話，不妨改用倒著數數，從十倒數到一。若再不行，還可跳著數，只數偶數或只數奇數。甚至還可把數字增至二十來倒數，就能令自己的心念專注。

2. 什麼也不想，僅注意自己有沒有妄念，這是最輕鬆的方法。很清楚自己有沒有妄念，妄念一起，馬上覺察，也立即停止。但當妄念紛飛綿綿不斷時，往往會跟著妄念進行，時間過了很久，自己還沒發現，因為妄念就像銀幕上的影片一樣太有趣了。這時當用數息法或念佛法，來調息、調心。

當打坐、經行用功時，不經思考而起的念頭，無論善念、惡念，均屬雜念、妄念。用功時即使起了讚歎佛法、布施救人的念頭，也是妄念；打坐就是打坐，經行就是經行，別無他念才是正念。若於布施救人時，想到打坐、誦經，也是妄念。

3.當偶爾有一個、二個妄念浮起的話，比較還不是問題，嚴重的是，妄念就像放映電影片一樣地持續下去。這時候可以隨順妄念想下去，同時注意是什麼性質的妄念，到底想些什麼，給予分類分級，妄念自然平息。或者注意自己拜佛、經行、坐著運動雙手的每一個細小動作及感觸，妄念也會平靜。

打坐是要慢工出細活的，要有恆心、毅力，要保持每天定時打坐，成為習慣，成為日常生活的一部分，日積月累，必有收穫。到了那個程度，若有一天不打坐，都會覺得生活有些失序。非有長期打坐經驗的人，難以體會到混亂的思緒與井然有序的思維之間有絕大的區別。

禪修的功能，有三個層次：1.身體的健康；2.心理的平衡；3.精神、人格的昇華，以及智慧的開發。如果只在方法上用功，欲達到頭兩個目標是不太困難的，至於第三個目標就不容易了。所以禪修者，除了健康的方法，尚需有正確的觀念做指導，才能從身心平衡而進步到人格的昇華及智慧的開發。

很多資深的禪修者，打坐的工夫很深，心理卻很不平衡，貪欲心雖被控制，卻充滿自負、瞋恨、嫉妒、猜疑等心情。這都是由於未知佛法的「空」理所致。

（二）禪修與神通

禪修者如無好的老師，指導正確的觀念，縱然身心變化，似得神通智慧，也在邪魔境界。

這種人可能在修禪定的過程中，得到些神通感應，或許是天眼通、他心通、天耳通、宿命通、神足通，即使具足五神通，其驕慢心、瞋恨心、疑慮心還是很重。表現慈悲寬大，而對其自我的觀點，自我成就的利害得失、名聞利養，還是看得很重。

這種人有某種程度的神通力，能為人解疑，告訴你的過去、未來，看似對人有益。但從另一個角度看，因他們個人的人格不健全、性格不穩定，豈是真的成就和解脫；且可能造成大眾對神通力的依賴、迷信，而失去自主自發的開拓精神，對社會的價值觀念，也可能產生負面的影響。

若從正確的禪修觀點而言，我們是人，應以人的方式及人的標準，由人來處理人的事務；若是人事而請鬼神來料理，那豈不成了人神鬼不分的世界了嗎？我們都知道「敬鬼神而遠之」的一句話，因為「請神容易送神難」，對鬼神雖要尊敬，但要保持距離，太接近了便會為我們人的身心環境，帶來困擾。

我們人的社會，當依人的因緣、因果而運作，若借神鬼靈力之助，暫時看來似乎幫了忙，從深遠處看，實是混淆了既有的秩序，反會帶來更多的麻煩。

人有「共業」也有「別業」，屬於個人的因果是別業，屬於大眾共同大環境的因果叫作共業。不可以用特權或非自我努力的方式去改變既定的共業，否則牽一髮而動全身。不可因個人的暫時利益而造成整個社會因果的錯亂，遺禍於未來。

神通在佛陀住世的時代，佛與阿羅漢都曾運用。但那只是在顯示佛與阿羅漢的力量不可思議，而非為個人之利害改變其因果原則。且佛與阿羅漢不斷地表示因緣不可思議，因果不可思議，其錯綜複雜的關係是不易釐清的，唯有靠自己的努力，來完成自己所能完成的心願。

現在用一個佛經的故事，來說明業力、因果的不易改變。

釋迦牟尼佛的故國，是印度的一個小城邦，名叫迦毘羅衛，釋迦牟尼佛出家以後，該國的許多菁英，也跟著出家。未出家的釋迦族，則有一大共業的業報現前，故將遭到滅族亡國的災難。釋迦世尊座下，有一位神通第一的大阿羅漢目犍連尊者，悲憫釋迦族人的災難，乃請世尊顯現神通化解，佛陀心裡雖感到悲痛，但卻深知業力不可違，因果不可改，所以默然不語，經目犍連一再請求，世尊才答應試一試。

釋迦世尊於烈日當空之際，坐在敵軍必經之路的一棵大樹下，那棵樹已經乾枯得僅剩一截老幹。當憍薩羅國的琉璃大王，率大軍去攻打迦毘羅衛國的途中，看到世尊坐在大枯樹下，便下車請問世尊：「為何不找一株有蔭的樹下去坐？」世尊僅答以：「一切蔭不如祖國之蔭。」琉璃王聽後似有感動，掉頭把軍隊帶了回去。

第二天，琉璃王還是想攻打迦毘羅衛國，世尊又坐到大枯樹下，此次琉璃王路經時不再下車問話，僅在車上狠狠瞪了世尊一眼，便掉轉軍隊回去。但世尊已然了悟，其族人之共業是無可挽救了，因此第三天便不再坐到大枯樹下去了。

目犍連尊者則於心不忍，便運用他的神通，把迦毘羅衛城的許多居民，裝在他的缽中，來保護他們，世尊亦未加阻止。等到第四天琉璃王的大軍攻破了迦毘羅衛城後，目犍連要把那些百姓放出來，發現缽中僅剩血水，無一人存活，這些釋迦族人，都是在劫難逃。別說目犍連的神通救不了，連釋迦牟尼佛的力量也無可奈何！

這說明神通還是有其極限性，強大的共業及定業是難以改變的。只有用兩種方法，可以改變命運：一為被動地受報，一為主動地還報（還債）。

故在正統的佛法，是不輕易用神通的，禪宗更是忌諱、禁止談神通和用神通。如有禪師說自己有大神通，並且表演神通，那必非正統的禪師，可能是修學其他法術的附佛法外道。

那麼禪師究竟有否神通？答案是肯定的，如果禪修的工夫很深，有神通是很可能的。因為這種人的心非常寧靜安定而統一，這樣的「心」，能與外在的物質環境和精神世界統一，因此他能接收到一般人無法接收到的訊息，這種訊息不是一般所謂的電波，而是心的磁波（心波）。但是一位已得解脫的大阿羅漢，或是一位中國禪宗已得大悟的禪師，卻未必有神通。解脫是因悟得無我的智慧，大悟是悟畢竟的空性，所以未必會跟神通相關。

禪修的人如遇到靈體附身或異象出現時，切記要懂得處理，對善境既不貪著，對惡境亦不恐懼，便可安心自在，不受干擾。

提醒自己要做到三種統一：1.身心統一；2.內外統一；3.念念統一。第一步要達成身、口、意三業相應的目標，第二步要完成身心世界粉碎的程度。如何做到呢？要如禪宗有句名言所說：「佛來佛斬，魔來魔斬。」就是處理異象的最好方法。

所謂的「斬」，就是用智慧之劍來勘破戳穿任何異象，不論是好境、壞境，凡有異於常情的現象發生，或聲、或色、或味、或觸都要把自己當成一個絕緣體，便可不受任何異象的干擾了。

所謂善境好境，就是在你打坐時，可能在你面前出現諸佛菩薩，通常都不是真有諸佛菩薩現前，而是內心的妄念的反應或是外來諸魔的干擾，使你不能達成心境統一的定境，更不能發明心無罣礙的空慧。此時如不保持正念，就有可能使你變成一般民間宗教所見的靈媒或乩童。

在禪修過程中，身心有所反應，是正常的。心理的反應是要達到寧靜、和諧和安定，使情緒不易波動。如產生神、鬼、精靈、佛、菩薩等，在耳邊說話，在面前出現，或使你進出佛國淨土、天堂地獄等的境域，均屬幻境，應當不予理會，切切不可執著，只要見怪不怪，必可平安無事。

至於身體的反應，痠、痛、痲、癢、氣動等現象，均是正常的。如遇頭部脹痛，心臟不舒服時，若無老師教你如何處理，便不宜繼續打坐，應該去看醫生了。

禪修會不會開悟呢？答案是肯定的，但是開悟有速有緩，有的人能於一聞佛法，就在言下大悟，有的人累劫修行，也不開悟。一般人修行，自我的心都指揮不好，自信心也不易建立，所以很難開悟。必須先從錬心和淨心做起，才能從肯定自我，提昇自我，然後把自我的執著擺下，便是悟境的現前。

學佛修禪的最基本要求，是先有自知之明，健全人格，建立信心，如果心理不正常、性格不穩定、觀念不清楚、行為不端正，而想藉禪修開悟，便會帶來走火入魔的危機。禪修者最忌諱的是迷戀神通，那會導致各種魔境的產生，喪失努力的自信而依賴神力的迷信。這與禪者的自我肯定、自我提昇，終至於自我消融的修行，是背道而馳了。

（一九九三年九月一日至四日法鼓山第四屆社會菁英禪修營）

一般佛法開示

一、佛與菩薩

佛是自覺、覺他、覺行圓滿的人，也就是自利利他、無我無私、悲智無限、究竟圓熟的人。佛是充滿智慧功能和慈悲行為的人，他是無上的「大覺」者。當自利利他、自覺覺他的功德究竟圓滿之時，自與他、內與外、善與惡、主觀與客觀等分別心，都不存在，只有無我的智慧和平等的慈悲之時，那便是成佛了。

菩薩是能夠自利利他的人，並且是以利益他人來做為成就自己的人。菩薩是能夠用佛法斷除自己的煩惱，解決自己的問題，也能夠用佛法來關懷他人，幫助他人解決問題的人。菩薩又被稱為「覺有情」，覺悟是智慧的來源，有情眾生是悲心的來源，若將智慧和悲心運用得宜，相輔相成，便稱為悲智雙運的菩薩。菩薩道的完成者，便能成佛。

一個人，如果僅是為了個人的財富、權勢、名位而努力奮鬥，必會引起他人的猜疑、嫉妒、覬覦，而來跟你明爭暗奪，那就像是一群野犬爭逐一塊骨頭，會給你帶來憂慮、挫折的打擊和困擾。

如果能以利他為目的而努力於自我的成長，則可經常保持坦蕩的心胸。因此，自利者必須是以利他為出發點，才是具有智慧和慈悲的人；此種人的心量，猶如大海，可納百川，也能滋養萬物。在自利之前，已有利人之心，如此所得的利益，便是實至名歸，才不會變成自己的包袱而帶來煩惱。

世人汲汲營取，多為了自利，卻在獲得自利的同時也招惹了更多的煩惱，解決問題的同時，又增加了更多的問題；就像入寶山取寶，當在取得寶時，竟是搬了石頭砸了自己的腳，看來極其愚蠢，猶自樂此不倦。類似的情況，豈可說是真正的自利，所以站在菩薩的立場，自利必須建立在對眾生有益的基礎上。

在一個共同生活的社會裡，小至一個家庭，大至整個世界，為了自利而自利的人很多，為了利他而自利的人很少，必然問題叢生；每一個人只顧自利而不願利他的結果，是大家沒有好環境住，大家沒有好日子過。相反地，若能以利他為出發點而努力的人多，這個環境便能在平順和諧中繁榮，每一個個人，自然也都是身在其中的受惠者。這樣的生活體系，便是菩薩道模式的環境了。

依據大乘佛教的觀點，凡是信佛學佛的人，均可稱為「菩薩」，雖從一般初發菩提心的凡夫菩薩到最高位的等覺菩薩，乃至成就正等正覺的佛，其間差異，猶如天壤，但其修行的原則是一致的，那就是：止惡、修善、利益眾生，合稱為菩薩所持的三聚淨戒。凡夫持戒，必定犯戒，不過凡夫階段的菩薩行者，就像是初生的嬰兒，樣樣從頭學起，也像嬰兒學習走路，爬著走，滾著走，跌倒了站起來再走，反覆不斷地練習，便會愈走愈穩、愈走愈遠了。因此在《涅槃經》卷十一，稱學佛的人分有五種行：聖行、梵行、天行、嬰兒行、病行。嬰兒行及病行，都是大菩薩們以聖示凡的範例，也是初發心菩薩們以劣向勝的範例。

修行菩薩道的動機，是為利益眾生，透過利益眾生的修行過程，最後則是利益菩薩自己，成就了菩薩的悲智，完成了佛的果位。

二、活在現在，佛在現在

佛在佛國淨土，也在我們心中。佛是具足智慧與慈悲的人，如果我們念念活在現在，念念都與佛的智慧及慈悲相應，佛就念念與我們在一起。如果念念之中自心有佛，我們的自心也就是佛，所以佛是由人完成的。當下的一念心中有佛，當下的一念即與佛同，念念心中如果都有佛，念念之間也都是佛。如你念念活在當下的智慧與慈悲之中，當下的現在，你就能夠見佛成佛。

當然，凡夫不可能每一念都跟清淨的智慧與慈悲相應，所以要常常提醒自己：練習著念念活在現在，把握住每一個念頭的當下，便可體會到佛是無時不在、佛是無處不在的事實了。

這樣的觀念和這樣的方法，可以幫助我們去除自身的煩惱，雖你還是處身於塵世，卻也能體驗到超越塵世的自在。當你心中充滿了貪、瞋、癡等心垢之時，即是身處塵世；當你心中沒有那些心障之時，那就是超越於塵世之外的人了。可見出世並非一定要離開現實的世間，而只要心念不受物欲的誘惑及逆境的刺激，便是解脫。因此，禪宗的《六祖壇經》曾說：「佛法在世間，不離世間覺。」

可是，一般的人往往因為不能把握現在，也不能念念活在當下，便無法領會到佛在心中。其實只要不是沉溺在過去和未來，就是認真地活在現在；若能不將過去及未來的人、事、物等種種境界，執為實有，便能活在現在而體會到佛在現在。

因此，學佛的人要時時提醒自己：活在現在，不要老是活在過去的回憶中，也不要老是活在未來的夢想中。沉湎於過去和迷惑於未來，都是徒然浪費掉寶貴的生命，於人於己，都是損失。但這並不表示對於工作和生活，不需要檢討和計畫。檢討過去，計畫未來，便是對現在的肯定，也是現在的延伸。最好的方法，乃是時時刻刻都能努力於現在，體驗著現在；展開現在，放下現在；念念清楚，事事分明。這就是「活在現在，佛在現在」的境界。

三、慚愧心

凡夫眾生通常同時具有兩種個性，一是虛驕、自負，一是自卑、自賤，看似兩種不同的毛病，實則是一體的兩面。

虛驕自負的人，多半是有些許能力的人，只因害怕別人瞧不起他，便像螳螂向車子伸臂，也像小狗小貓的張牙舞爪般地，展現他的攻擊實力和防衛實力，以表示他的重要性，以滿足他的安全感。

其實我們人類的所知所能，不論何人，都是非常有限，每個人的身心和個性，也都有很多的缺陷。一個人對宇宙而言，是那麼地渺小，一個人對於社會歷史的影響，也是微乎其微。虛驕自負的人，故意不想了解這個事實，結果呢，一旦受到挫折，便會信心全失，即可能變成一個自卑自賤的人物。

在人的潛意識中，因為有自尊自大的我慢習性，故也含有一些神性的成分，而在神性中也同時會具有魔性。可是人性與佛性、神性與魔性之間的差別，很難分辨。尤其是神性與魔性往往是一體的兩面，如果能有自我約束、自我反省及懺悔的修養工夫，便與佛性相應，便不容易表現出貢高我慢的習性，也就不易顯露出神性及魔性的霸氣與邪氣。

在人類史上，所謂天縱的聖人，畢竟不多，所以諸佛菩薩化現人間，也多以凡夫身修行成道。因此可說，我們每一個人都不是天生的完人，或多或少都帶著缺點和弱點。人在順境中，自負自大的自信心愈強，不可一世的傲慢心也會成正比地增強；相反地，一旦遇到挫折的困境，便會覺得滿地荊棘，喪失自信而一蹶不振。這都是由於沒有自知之明，不清楚自己的缺點，也不知道自己的實力；缺點是指才智能力及人格品行的不足，實力除包括才智能力及人格品行外，還得加上時節環境的因緣順逆。我們必須了解自己是有所不足的，是有許多缺點的。在這樣的認識下，凡事但求盡力而為，結果要靠因緣的發展。如果因緣不具足而失敗了，也毋須氣餒遷怒，毋須怨天尤人。相反地，如果因緣際會，功成名就，也當防止睥睨一世、得意忘形等傲慢心的產生；時時保持仁厚謙沖、虛心學習、謹小慎微、尊重他人的菩薩儀態，做一個有慚愧心的人。

有了慚愧心的修養，便能具有健康的心態和健全的人格，便不會輕易地接受成敗得失、毀譽褒貶的影響。欣譽厭毀，乃人之常情，如果聽到他人的讚歎或批評，只表示他人對你的看法，可能未必就是事實，自己的心，沒有必要隨著他人的毀譽及一時間的得失而起舞。若有慚愧心的人，他會聞過而喜，聞譽則懼，喜的是既然有人指責，便是有人愛護，君子之過如光天化日看純玉小疵，知過能改，是最大的進步；懼的是自知不夠完美，竟然有人讚美，稍不謹慎，便以得少為足，若被成功與讚美沖昏了頭，前程豈不堪虞！

因為承認是普通人，無法像孔夫子所說的君子不遷怒、不貳過。所以我們常常是身不由己、心無主宰，而且不能自我警惕，唯有時常將慚愧心提起，庶幾可免於不測的隕越。

我見到有一位事業很成功的企業家，抽菸抽得很凶，導致長期的哮喘，他雖很痛恨香菸，卻又戒不了菸癮。天天能夠發號施令指揮大批的員工，卻無法指揮他自己不要抽菸。因此他來問我怎麼辦？我教他先以慚愧心反省自己，再用毅力和耐心，漸漸地減少抽菸的數量，然後以堅決的信心戒菸。

正因為我們身心皆不受自己的約束，所以經常犯錯還不認錯，因此，只要承認自己一定有錯，就會生起慚愧心來，跟著承擔錯誤的責任，便名為發露懺悔。每日反省，常常慚愧，時時懺悔，內心自然清明，性格自然穩定，縱然未得悟境，也是一個健康和快樂的人。

四、拜佛的意義

一般人拜佛，多為追求財勢名位及健康等利益，但是，有所求的拜佛，不能算是修菩薩行，故對人格的成長亦無助益，甚至還有鼓勵人去投機取巧，走偏鋒的負面作用。修行的拜佛，則有三層意義：1. 懺悔罪過；2. 修持禪定；3. 感恩禮敬。

佛教中常有批評只知磕頭而不知懺悔、只知拜佛而不知慚愧者，那種拜佛，不過是如雞吃米、如搗蒜頭。只有動作沒有用心，對於身體健康，雖也有用，對於人格的提昇則不起作用。真懺悔是發自內心懇切的意念，不局限在一定的場所，也不一定要在佛像之前。佛像是禮拜時的道具，是偉大人格的象徵。對於拜佛的凡夫而言，佛菩薩的聖像，具有證明我們正在修持懺悔功德的功能。只是佛與菩薩的法身，遍處都是，永遠都在。

拜佛的動作，是心誠意敬地將雙手合掌，低頭彎腰，五體投地——兩肘、兩膝以及額頭著地，完成頭面接觸佛足的最高的敬禮，又稱為頂禮。

彎腰低頭是表示謙虛，承認自己的福德智慧不足，以致犯了許多的錯誤。一般人是很難向人低頭的，何況還要把額頭著地呢！可是，大地是非常偉大的，大地孕育眾生，負載眾生，眾生把大地踩在腳下，把不要的垃圾丟給大地，大地卻提供我們無窮盡的資源。我們如此地享用了大地，無以為報，是否應該心誠意敬來感謝大地呢？其實，我們如果能夠飲水思源，應該要感謝、感恩的人實在很多。

成熟的人格，好像成熟的稻穗，都會往下低頭的，愈成熟愈飽滿的，頭垂得愈低；空心乾枯的稻稈，倒是頭昂天外挺得筆直的。如此想通了，低頭禮拜也就不難了。更何況在很多情況下，頭不低還真過不了身，不肯低頭而趾高氣揚的人，往往會阻難重重，撞成鼻青眼腫乃至頭破血流，還不知究竟錯在哪裡。

一般人向位高權重的人士低頭，較為容易，對於沒有利害關係的人乃至不如自己的人，能夠低頭，就必須具有大修養的工夫了。古時候的一些仁君賢臣，能夠放下高高在上的身段，禮賢下士，給一般庶民予禮遇尊重，因而才能獲得賢士們之輔弼效命，這就是「敬人者人恆敬之」的道理。現代人，雖都是平等的，每一個人還是需要禮貌的尊敬。對長輩及上司低頭，是受大家認同的，對於夫妻之間及屬下之前的低頭禮敬，也不能說是不應該的。

犯了錯誤，當以禮佛來懺悔；心緒煩躁，當以禮佛來定心；得到了利益，當以拜佛來感恩。拜佛的動作，實在是提昇人格的好方法。

五、蒙山施食

我們的晚課中，有一段〈蒙山施食儀〉。

施食是以佛法的功能，施給一切眾生，做為活命的飲食。眾生分為三類：1.是佛教徒（佛子眾）；2.是一般有情眾生（有情眾）；3.是所有冥界眾生（孤魂眾）。這三類眾生是包括了凡夫世間的陽界眾生以及冥界眾生。

使用施食儀軌所施的甘露法食，是用七粒米及一小瓶淨水，做為代表，其真正的意義是讓這三類眾生，得到智慧，解除苦惱，增長慈悲，同修福報。使每一位有緣的眾生都能得到佛法的救濟，叫作得到解脫苦惱的甘露之藥，又稱為甘露法食；是通過各種真言，將七粒米和一小瓶淨水，化為豐盛的美食，使得三類眾生，解除煩惱的飢渴，同得法喜和禪悅。

六、發願

每一個人都會貪生怕死，只可惜當我們正在呱呱落地之時，便已開始一步一步邁向死亡的旅程。很多人自以為還很年輕，其實一眨眼間就會成為耄耋老者。人是很少能夠活過一百歲的，雖然也有少數高壽的人瑞，但其生命的快速，也像是石火光影中事。就拿我們每一分鐘十六次的呼吸來算，活到一百歲，也只有八億四千一百八十三萬六千次，尚不是什麼天文數字。我們的生命，就在呼吸之間，一分一秒一點一滴地消逝，卻很少有人警覺得到。唯有聽聞了佛法，開始了修行，才會真的發覺人生無常，時光飛逝。

在我們的晚課中，有〈普賢警眾偈〉云：「是日已過，命亦隨減，如少水魚，斯有何樂；大眾當勤精進，如救頭然，但念無常，慎勿放逸。」這是菩薩慈悲，苦口婆心地告誡我們，人命無常，人生苦短，應及時把握現在，發願好好修行。

在我們的早晚課誦之中，都有發願文，可見發願對於修行之重要。簡單地說，就是教誡我們，應當珍惜這個極其短暫的人生過程，及時努力，遵循通往菩薩道的方向，早日完成成佛的目標。

七、〈四弘誓願〉

我們在生活上及事業上，必須要有明確的方向和目標，對於生命的前程遠景，更要有終極的方向和最高的目標。因此，我們發願也有小願和大願，小願多為小利、近利和自利，大願則為大利、遠利和利益一切眾生。「四弘誓願」就是為了一切眾生的究竟成佛所發的大願。

何為〈四弘誓願〉？便是：「眾生無邊誓願度，煩惱無盡誓願斷，法門無量誓願學，佛道無上誓願成。」這四個願，是做為一個初發心的菩薩所必須具備的基本要求。由於菩薩的修行層次有淺有深，對此四願的實踐，也可因人而異、因時而異、因地而異，可以彈性調整自己的修行幅度與速度，但其大原則大方向是不可改變的。

現將〈四弘誓願〉，分條說明如下：

（一）「眾生無邊誓願度」的「度眾生」

是從自己先來學佛為開始，而真正的自利卻必須以能利他為出發點。也就是說，凡夫信佛學佛的原因，一定是為了先求自利，而要自利則必須先自覺，不能自覺就無法真正的自利，不能自利而想要幫助他人，只是口號。如沒有個「覺」字，自利的行為便會引發煩惱。如何覺悟？則又非得將自私的我執放下。

諸位菩薩來法鼓山參加禪修營，用方法把自己的心沉澱下來，讓自己對自己多了解一些，從自利做起，進而便能利他。然後必須做到不思自利只知利他，這才是真正的度眾生。利他的方法很多，有用物質的、精神的、知識的，有用個人的名譽、地位、信用、福報等等的影響力。

常有人認為自己是人微言輕，沒有什麼能力助人。其實只要會念一句阿彌陀佛，能為需要的人做個祈禱和迴向，也是助人。雖僅是簡簡單單的一句佛號，但我們相信：只要有心，諸佛菩薩確實有感應。「眾生有盡，我願無窮」，便是菩薩所發的大悲願心，又名大菩提心。

（二）「煩惱無盡誓願斷」的「斷煩惱」

人們都是因為沒有智慧，才會煩惱叢生，苦不堪言。

天下本無事，煩惱都是自己製造的，一般人卻認為煩惱是外在的環境帶來的。其實，真正的困擾，是來自各自內心的掙扎，就像俗話所言：「酒不醉人人自醉，色不迷人人自迷。」一人之所以會受外境的引誘、衝擊而起煩惱，而產生困擾，都是由於「自我中心」的作祟，包括我貪、我瞋、我癡、我疑、我慢、自卑、嫉妒等等的習性，如果你能把自我中心的執著放下，把事實真相釐清，外在的環境就困擾不到你了。

佛教將煩惱之多，稱為八萬四千塵勞，其實是說煩惱的種類之多，有八萬四千，而其根深柢固，生滅不已，所以稱為無盡。可是，若不斷盡煩惱，永在生死的苦海之中，唯有斷除我見我執的自我中心，無盡的煩惱，才會一時斷盡。

（三）「法門無量誓願學」的「法門」

指的是學佛修行的種種方法和觀念，用佛說的無量法門，來對治眾生無盡的煩惱，用種種法門來幫助他人，稱為度眾生，幫助自己，稱為解脫煩惱。

對於個人的自利而言，只需一門深入或少許法門，即很受用，對於無邊的眾生，則因根器不同、時機不同，煩惱的問題也各不相同，因此，針對許多不同的需要，就須有諸多不同的法門。

例如光是打坐，就有好多不同的方法，可以睜眼也可以閉眼，可以隨息也可念佛，可以數息也可以數數念佛，隨息可隨鼻息也可隨腹息，數息可順數也可逆數，另有五停心、四念處等次第禪觀，也有參話頭及默照禪等頓修法門。端看每個人的不同情況而用不同的法門。但是，一門通即門門通；只要選擇適合自己的法門，一門深入，通達之後，對於其他各種法門，也能如數家珍了。

以我們這個佛殿為例，有好多個出入口，只要選擇其中一個，便可進入大殿，一旦進入殿內，便可以跟其他每一個出入口進到大殿的人一樣，一目瞭然就知道這座大殿有幾個出入口了。所謂條條道路通羅馬，其中道理也是這樣的。

（四）「佛道無上誓願成」的「佛道」

也就是發了菩提心必將成為佛的意思。《心經》及《金剛經》等諸大乘經，所提到的「發阿耨多羅三藐三菩提心」，就是現在發了無上菩提心，將來一定會成無上的佛道。凡夫位的眾生，彼此相處，都有親疏之別，一旦發了無上菩提心的人，就要學習佛的心量，對眾生則是完全平等，無所分別，也就是無限的包容和平等的關懷。當煩惱斷盡、智慧圓滿、慈悲無限、福德圓滿，就是無上正等正覺的佛了。

八、皈依三寶

「皈」是由「白」與「反」兩個字組成。「白」代表光明，其反面的「黑」代表黑暗。當一個人的習性不好，造諸惡業，便陷自己於黑暗之境，我們欲脫離黑暗之境而得到光明，便稱之為反黑為白，簡稱為反白，就是「皈」意。「皈依」則是接受、認同、回歸和依靠之意。三皈依是皈依佛、法、僧三寶。

在人間修行證悟解脫而得無上涅槃的人是「佛」，由佛所說的經教是「法」，傳承弘揚佛法的出家人是「僧」，由此三者，便構成了佛教，若缺其一，即不成其為佛教；若只信仰其中的一寶或二寶，也非正信的佛教。

出家、在家二眾，都是一樣地能夠修學佛法、行菩薩道。唯出家的僧人是以全部的生命和時間，來過清淨的梵行生活，來修學佛法、弘揚佛法、住持佛教；在家居士則還有家業負擔，不易像出家僧人那樣能夠全心全力全時間全生命地投入，因此出家的僧團便成為佛教的中心。學佛的人，除了依靠對佛的信仰，依靠佛所說的法為準繩，還要依靠傳承佛法的僧人來做正確的指引。

僧是指僧團而非個人，僧團的存在，便代表著佛教的存在及佛法的弘揚，而每一位弘法的法師，都是僧團中的一員，道場不分彼此，僧團不分彼此，大家都是回歸到本師釋迦牟尼佛傳下來的三寶。

從信仰上說，佛、菩薩、諸天護法，都是有感應的，我們修學佛法，需仰賴諸佛菩薩及一切善神的護念護持，依賴僧團將佛法傳授給我們，做為修行的依據。簡言之，信佛學佛，必須以佛、法、僧三寶為依歸，即稱為皈依三寶。

談到皈依，有些人認為是很嚴重的一件事，誤以為皈依之後，須受到很多的約束，便為自己找出種種的藉口，或說尚是初學，對佛法懂得不多，所以不敢皈依，或說自己的條件因緣尚未具足，等待因緣成熟時再說，其實就是不敢皈依三寶。這像是一個病人，以為自己的病還不夠重，所以不願去看醫生一樣；諱疾忌醫，是很錯誤的觀念。事實上，當一個佛教徒，是很簡單的，不用發重誓，也不需備厚供，只要請一位皈依師在佛前為你證明，證明你已發心，願意接受三寶，並以三寶做為人生的指標，那就是三寶弟子，那就是皈依三寶。像各位菩薩，在禪修營的這段時間，成天跟著師父修行，每天早晚課時，也都跟著僧眾唱誦了三皈依詞，實際上已是三寶弟子了。

九、感恩

有一位養女，出生時因家境非常貧困，被生父母賣給她的養父母，雖然養父母非常疼愛她，但她未曾享有生父母的愛，始終認為自己是個被棄的孤兒。她感激養父母養育疼愛之恩，卻痛恨其生身父母將她遺棄了。直到她自己懷孕生子，才體會到生養孩子之不易，才漸漸諒解了她的生身父母，願意同樣地感恩他們。

另外有一對夫妻，生下一個殘障兒，感到非常痛苦，為了不忍孩子一生受罪，也害怕一輩子照顧殘障孩子的負擔，幾乎有一度想把孩子弄死。我告訴這對夫婦：「各人有各人的福報，應該把這孩子當菩薩看，他是來度你們的，如果折磨了你們，是為讓你們得到更多的人生體驗，從照顧這孩子的過程中，你們可以體會到什麼叫作慈悲，什麼叫作無私無怨的愛。」他們終於把殘障兒留下來，奇妙的是，自從這孩子出生以後，他們的事業愈做愈好，而在照顧孩子的相互扶持中，夫妻的感情也愈來愈融洽，最後他們也認定這孩子真是個菩薩，為他們家庭帶來福報、帶來快樂，從而對孩子產生感恩之心。

在一般人觀念中的感恩，多半是指父母的養育之恩、師長的教導之恩、親友的扶持之恩。其實，做父母、師長的人，也要懂得感謝子女、學生，讓自己有付出關懷機會的成全之恩。

一般人往往恩怨分明，認為有惠於己的，才是恩人，給予痛苦的，便是怨家、對頭。但當知道，人生有些波折，才能有所成長，所以不論順逆，凡是成長成功的助緣，都應該心存感激。從修學佛法的立場看，唯有怨親平等，才能包容一切眾生，才能肯定自我、提昇自我、消融自我。

知恩報恩，是做人的基本；知恩不報恩，是忘恩負義；不知恩也不報恩，那就是禽獸不如了。

如何報恩？例如我自己，受到父母、師長及各方協助之處甚多，等到我有能力回報之時，父母、師長等恩人，多半已不在人間，只有盡我的能力，幫助更多的眾生，來表達對恩人的感恩。

恩惠就像流水，自上而下，順向而行。因此感恩的方法，便是順向往前推動；簡言之，即是承先啟後。把從前人處所受的恩惠，再施予後人，綿延不絕。

因此，當諸位對我禮拜，感謝師恩的時候，我也感謝著你們。因為你們諸位菩薩，讓我有機會傳授我的所知、所能。教學相長，利他便是利己，在你們得到利益的同時，我也有所成就，對我個人人格的提昇及人性的發揮，又往前跨了一步。所以我們對周遭的一切，都應心存感恩；對自己所付出的一切，則不應求其回報，如有所期待，便成了有漏功德。例如此次禪修營的舉辦，我究竟有何功德？端看諸位能將在此所學的，有多少可以應用到各人的生活和工作中去，對各位自我之提昇，各位對周遭環境之影響，到底有多深廣而定。更何況禪修營的成功，除我擔任指導的師父之外，尚有十多位僧尼法師以及二十多位男、女義工菩薩的奉獻。功德屬於大家的，我們應該大家感恩大家。

一〇、三寶恩

做為一個佛教徒，應當常常感謝三寶恩德。銘感釋迦牟尼佛的恩德以及歷代祖師們的恩德。因為：

1.娑婆世界的一切眾生，得聞佛法，乃是仰仗十方三世一切三寶之弘傳佛法和住持佛法。「十方」是指盡虛空界的所有空間，「三世」是指盡過去際、盡現前際、盡未來際無限時間。眾生是依靠流傳於無限時空的佛、法、僧三寶，而得聞佛法、修行佛法。因此應該心存感恩。

2.世尊在我們這個世界修行成佛，並把他修行的道理和方法，用四十多年的時間，在印度各處傳法，依各人之根器、個性，因材施教，說了種種法門，經後人結集成一本本的經典，再由出家法師像輸送管那樣地，一代一代依這些經論，把世尊所說的佛法，傳播給有緣需要的人，因此我們要感謝世尊，修道悟道，留下了遺教。

3.世尊的肉身，僅在地球的人間，住了八十年的時間，我們現在利用的佛法，是他的法身舍利，一部部的佛經，是由一代代的高僧、祖師為中心，在家菩薩為輔佐，以他們全部的生命學習、修行、體驗佛法，再一代代傳承下來給了我們，因此我們亦要感恩歷代的一切菩薩祖師。

二、迴向

迴向的意思是：1. 迴己向人；2. 迴小向大；3. 迴有限向無限；4. 迴有漏向無漏。

做任何好事，不論是無形的、有形的，為己的、為人的，均有功德。如果認為該功德只應歸於自己，功德便很有限，因為個人是一個非常有限的存在。相反地，如果把功德迴向給一切人，其功德將是無限地大了；如果做了功德而不執著功德，便是做的無漏功德。

《維摩經》中有一個無盡燈的譬喻：點燃自己的一盞油燈，那照明度是很小的，如能主動去點燃別人或被動地讓別人來點亮他們的燈，那麼燈燈相傳相續，點亮的燈愈多，照明度愈強，照明的範圍也愈大，終究使大家都能得到光明。

所以說做人不可自私自利，千萬要有自利利他的觀念，自己得到了利益，不要忘了也不要吝嗇與別人分享，這叫迴向。

人與人的彼此之間，是息息相關而無法單獨存在的，所給予別人的利益，會像空氣的迴流，又像日光的反射，最後又回到自己身上，這也叫作回饋。

如果人人死守著個人的錢財而不活用流通，那便是凍結了社會資金，停滯了經濟活動，那會使社會蕭條，人人都得不到利益。相反地，如果人人能把多餘的錢財存於銀行，不但個人可以得到利息，也能帶動社會經濟的發展和繁榮。這也是迴向的一種。

有些人做了功德或念了經，迴向的目的很多、很貪心，包括祈求自己和家人的健康，以及財富、名利、權勢等等，就像僅僅做了一點好事，便列了一張長長的請求單，要求佛菩薩去代為執行似的。把功德的利益迴向給自己，雖然是人之常情，但是如果能將所做的功德，迴向給一切眾生，自己不僅無損，而且是成就了更多的功德。如果不為自己求功德而願眾生得利益，眾生得了利益，也不以為那是由於自己的迴向，那樣的迴向，才是清淨無染的無漏功德，也是無邊無量的無上功德。

二、因果、因緣

佛教認為宇宙萬物具有一個共同的本質，就是「緣起性空」，緣起性空的主要內容便是因果和因緣。佛教另有一個觀念叫作「妙有論」，其內容說的也是因果和因緣，是從妙有了解真空。真空並非「無」，真空存於妙有之中，即空即有，非空非有；空有二者，看似兩個相反的觀念，實則卻是一體的兩面。

（一）因果

因果分為兩類：1.有漏因果（凡夫的因果）；2.無漏因果（聖人的因果）。因緣亦分為兩類：1.因緣有；2.因緣空。因緣有的「有」，是指有因有緣而產生種種現象；因緣空的「空」，是指一切現象的自性本空。自性不是哲學上所稱之本體，而是說，現象的本身即無不變的自性，故稱自性本空。

有漏因果，可分為善因、善果，惡因、惡果，善因亦名白業，惡因亦名黑業，白業指的是持五戒修十善的善因善業，當得人天果報的善報福報，黑業則是造的十惡五逆之罪，當受畜生、餓鬼、地獄等三途惡道之果報。善因趨向光明面，惡因趨向黑暗面，實是一種自然法則。

光明面是通向人道、天道，人道當然是指我們所生存的這個世界。天道呢？除了六欲天及禪定天，人道中有些人身心特別強健，能力智慧特別高超，能呼風喚雨，有的夫婦兒女如神仙眷屬般享有很大的福報。從某個角度看，這些人就像是天道之神仙。

從反方向看，除了實有三惡道之外，世間有一些人，鬼頭鬼腦、鬼心眼，他們就像是鬼道之鬼；此外，人間尚充滿了酒鬼、色鬼、賭鬼、貪心鬼等。

此外，動物方面從單細胞的阿米巴原蟲到高等動物，也是與人類並存於世。人類中也有一些心地險惡而被稱為人面獸心的人；其實動物只是福報差、智慧低，在造作惡業方面，反不如人類之中某些人的陰險凶惡。即如山王老虎、獸王獅子，通常只有在肚子餓或生命受到威脅時才會傷人、吃人；而人類一旦起了惡心，任何傷天害理的事均可做盡，可見有時候的人心比獸心還可怕。

至於地獄，有些人在打禪七時，對禪期中所受身心的煎熬，感到痛苦難耐，而謂地獄大概就是這般景況了。實則地獄之苦是人所無法想像的，雖在現實生活中，也有人把慘痛的遭遇形容為人間地獄。例如在醫院裡，一些病重的病人，身上插滿了各種管子，同時吊著好幾瓶點滴，不能開口說話，不能自由行動，也沒有復原的希望，其身心所受的煎熬，也有點像是身陷地獄了。

造善業善因，得善果的福報；造惡業惡因，得苦果的罪報。縱然是福報，也是有漏果報。所謂有漏及無漏，就像一個完整的杯子，裝滿水之後，不再漏失，名為無漏；一個有洞有縫的杯子，也可裝滿水，但會漸漸漏失，直到漏完為止。若以無我之心修福修慧，稱為無漏功德；若以追求回饋的有我之心，修行布施、持戒等功德，便稱為有漏功德。

有漏是指一邊造作善因一邊享福報，不斷地造因得果，生滅不已，稱為有漏功德。就像我們在銀行開的戶頭，經常存款，又經常提款，那便是有漏。

凡夫眾生只知「有我」。「我」存在於因果交替中，因是對果而說，果是從因而起。果從因起易知，因對果說難懂。

在其他的宗教，認為神是最初的、自由的、永恆不變的存在，神是原始存在的第一因、唯一因，而宇宙萬物則是神所創造出來的果。佛教則認為果從因而來，因也是由果而生。就像雞生蛋、蛋生雞的問題一樣，是循環無端的關係，不是誰先誰後的關係。在我們這個世界，最究竟的問題是永遠無從找到開端的。佛教重視「現在」的存在，不推究最初的過去，不空想最後的未來。過去已過去，未來未可知，重要的是「現在」的當下。唯有認真地「活在現在」，才能對自己的過去負責，面對果報，無驕無餒；才能積極地準備將來，到達成佛的境界。

各位到法鼓山來參加禪修營，既是因，又是果，也是因果同時。

首先是果：每個人都有不同的原因，促成你們到了法鼓山的結果。

其次也是因：在禪修營期間，每天從早到晚的各項學習和修行活動，則是又在造作另一個人生目標的原因。

再次也是因果同時：造了這個因的同時，即是得到認識自我、肯定自我、提昇自我、消融自我之結果的過程。可見，凡事都是互相循環互為因果的，所以因果既是前後關係，也是同時發生的現象。

有些人富可敵國，認為其偌大家產，可供其子孫世代享用不盡。這是不可能的，依我們所見所知，能夠連續三代富貴者，已屬不易，何況是永遠地世世代代。古今中外的許多王朝，都要歷經起起滅滅之變化，更何況是小小的家族呢！因為世間現象，無非有漏，人間天上，也都是無常。世事瞬息變幻，故當你自己在享受福報時，切記不要作威作福，要知福、惜福，更要培福，如此下去，善因才能不斷增加，善果方能繼續保持。如能不斷地知福、惜福、培福，卻不享福，那麼總有一天你就能夠轉有漏因果為無漏因果了。

無論善惡，都是根據所造的因，而受相類的果。佛教徒都知道有「菩薩畏因，眾生怕果」的這兩句話，那是說，菩薩隨時隨地注意自己的起心動念，深怕一不小心造了惡因，結果損失了自己的功德，也傷害了眾生；凡夫眾生愚昧無知，不懂觀照自己的言行舉止，常常造作惡業罪因，卻在感受苦報之時，一味地怨天尤人。菩薩與眾生真是智慧與愚癡的對照。菩薩不逃避苦果而知道不造惡因，眾生不知杜絕惡因卻害怕接受苦果。

一旦造了惡業，只要坦然接受，把該得的罪報受完之後，一樣可得解脫。罪報的受報，分為被動和主動的兩種。被動的受報，就像欠了人的債，不甘願償還，對方卻苦苦相逼，這種感覺是受罪、受苦、受難。而主動的受報，則是在別人來逼債之前，自己已主動還清，甚至還得更多些，例如布施，便是一種自發性的行為，是一種修行，心中容易調適，便不會感到痛苦。

前面說到凡夫的因果是有漏的，而聖人的因果則是無漏的，因為聖人造無漏因，便得無漏果。無漏的果分為小乘的和大乘的兩種：小乘的又分獨覺和聲聞，大乘的又分為菩薩和佛。凡夫所修有漏的善業，如透過不斷地修行，一再地累積福慧資糧，一切不為自己求安樂，但為眾生得離苦，也能轉有漏為無漏的。

（二）因緣

有與空，看似對立，實是一體的兩面，「有」代表因緣有，「空」則是指的因緣所生的任何現象，其自性畢竟是空。因是主，緣是賓，一個現象的產生，必有其主因，及附屬的助緣才成。例如此次禪修營，「我」是主因，我希望提供對社會有貢獻的人士有聽聞佛法、修學禪法的機會，以發揮其在社會上正面的影響力，促進社會進步與和諧，而來參加的諸位則是緣，沒有諸位的參加，這次的禪修營便辦不成了。反過來說，目前的社會結構、價值觀念、種種現象，變化得太快，亟需有類似禪修營的活動，提供給大眾，做心靈的調適；這個需求便成為因，禪修營的提供則成為緣；亦即各位是因，我應大眾之需求而給予協助，反成助緣。

因此，我們彼此，互為因果，亦可互為因緣。

一切的現象都無法離開因緣。《阿含經》說，因緣是「此有故彼有」，「此滅故彼滅」。「有」是指現象的生起，「滅」是指現象的消失。現象的生滅有大有小，有長有短，有種種不同的層次。從宇宙的大環境看，現象的生滅有四個過程：成、住、壞、空，這是屬於物質的現象。對人類的肉體而言，則有生、老、病、死，這是屬於生理的現象。以我們的念頭來說，則有生、住、異、滅，這是屬於心理的現象。

宇宙體中任何物質的現象，都不外乎成、住、壞、空四種型態的變化。當一種物質現象，由於因緣聚合而出現並存在之後，必然會逐漸經歷壞的過程而歸於空的結果。生理現象及心理現象，亦有相同的情況。此乃所謂的因緣「生」和因緣「滅」。我們這個眾生世界的一切，總是離不開因緣生滅的變幻。猶如萬花筒，暫時看似有，實際上是假、是空。

我們都知道，每一個人的肉體生命，都會經歷生、老、病、死的過程。生理現象存在於環境的物質現象中，所以會產生自身與外境之差別。外境與內境，對我們造成相需相斥的影響，便有所謂內外交煎，而產生種種喜、怒、哀、樂等心理現象。此等現象，使得人的情緒起伏不定，起伏愈大，煩惱愈多，起伏愈小，心愈平和，因此我們應努力使心理現象的生、住、異、滅，盡量減少其次數、延長其時段，那便是定，有了定則智慧漸漸產生，煩惱漸漸斷除。心念的生滅現象，就像平靜的水面，因風吹而波動，然後會產生層層的漣漪；若生滅現象減少，則像水波愈來愈平靜，終至心平如鏡、心明如鏡，這就達到「空明」的境界了。心理現象，可好也可壞：好的是善心，因之而造善業，是修行；惡的是不善心，因之而造惡業，是墮落。既然都是從因緣而起，便可用意志的努力，向善去惡。

我們是生存在「現在」，是在「空」裡。對於度量大的人，我們稱之為虛懷若谷，是取山谷空壑之意。然而山谷的空，還不算大，整個宇宙，才是無限寬廣，所以稱為虛空，能夠含容一切萬物。如果能夠超越宇宙，那就真的體會到絕對的自在、究竟的空了。故言現象的有是含藏於究竟的「空」之中，可見空才是最好、最高的境界，如果能把「空」運用得當，將使你左右逢源，處處便利，時時自由。

佛法所說的自性、法性、佛性，指的就是空性，一切現象本具空的特性，現象變而空性永遠不會改變，故說自性不變。由此可知，現象「有」和自性

「空」，乃是一體之兩面。一般人的常識經驗，只看得到「有」，而無能體驗空，因為「有」的現象一直在變，無法保持，無從掌握，便使人產生種種矛盾衝突的煩惱。如果能看到「有」，也看到「空」，便能了解萬法的真實相，便不會引起煩惱了，那是有了高度智慧的人。但如只看到「空」，沒看到「有」，這種人會顯得消沉，同樣也是煩惱不已，對自己對社會均有負而作用。

我們要了解：「有」是過程，「空」是目的，在達到目的前，不能夠離開「有」的過程，必須在過程中，看目的是空而離過程的有；然後要離有也離空，不落空有，即空即有，才是正見。

一三、戒、定、慧三學

做為一個正信的佛教徒，必須知道，戒、定、慧三學，是學佛修行的基礎。

（一）戒

從消極面說，戒是「止一切惡」。諸惡不作，惡業惡因便不增加。從凡夫的階段做起，到了大、小乘聖者的階段，自然不再造作任何惡因。從積極面說，戒是進而「修一切善」，諸善奉行，不思回饋，但求「利益眾生」。小乘的聲聞及緣覺（一名獨覺），已能做到消極地止一切惡，若能積極地修一切善，度一切眾生，便是大乘菩薩的層次了。

（二）定

大乘菩薩的定，是心念不受外在的環境和內在的心境所動，即謂之定。「外境」經常會為眾生（人）帶來誘惑、打擊、刺激、情緒失控等種種煩惱，心隨外境變化而生起憂、欣、悲、喜、貪瞋、怨怒、嫉妒等的感受和反應。受到環境牽動，便是亂心不是定心。故要用種種禪修方法，幫助自己穩定內心，使之不受外境的干擾。

內在的「心境」，是指對於自己過去的回憶，以及目前心裡浮現出來的種種妄想和雜念。比如有人正在此地打坐用功，突然想到公司裡有事未解決，怕公司的職員處理得不好，猶豫著要不要起身打電話回公司查詢。這究竟是屬於內境抑或外境呢？這件事並不存在於眼前，只是自己的心念在困擾著自己，心理的作用擾亂了心境，所以是屬於內境。

也可以說，凡是回憶、推想、憂慮之類的心理活動，都是屬於內在的心境。

一般人經常是處於身心分離、妄念紛紜的狀態，如能做到身心統一，內心的不安及身體的負擔，便會消失。倘若能把內外境界統一，便會形成內也是我，外也是我，內在的心境與外在的環境合而為一，便沒有「我」的感覺了。實則仍有我的存在，只因心念統一，成為一個統一了的我的存在。此時已不以個人的身心為我，而是以全宇宙為我了。

如果僅是方法用得順利，正念相繼，並不等於念念統一。例如在數息時，數得很順，別無雜念，至少尚有三個念頭，在不斷地交互進行：1. 我在數呼吸；2.

呼吸；3.數目。因此，正在做數息的工夫，並不就是念念統一。

念念統一是只有止於一個念頭，不斷地進行下去，如在數息中，數到只有「我……」，或只有「呼吸」，或只有「……」的一念，這才是前念與後念，念念統一了，是真正的入定。

內心與外境的統一、身與心的統一，都是屬於剛剛要入定前之淺定，兩者的層次大致是相等的。前念與後念的念念統一，則是深定。念念統一的境界是很難達到的，但至少希望做到身心統一和內外統一，便能夠摒除妄念紛飛，收攝散亂的心，不為環境所牽，不被情緒所動，就能享受到穩定的自我，是多麼地可貴了。

禪宗的定，則別有勝義，那是「即定即慧」。定的本身就是智慧，不是一般人所認為的從定生慧。禪宗的大師們，靜態動態，皆不離定；因為人的身、口、意三業的彼此關係，如鼎三腳，缺一不可。三業一貫相應即是定；雖在定中，依舊生活起居、依然待人接物，即是智慧的功能。唯有如此，才可能達到真正的禪宗的定境。

（三）慧

我們都知道，佛是智慧和慈悲的圓滿者。智慧便是為斷除煩惱，慈悲則是廣度眾生。一個凡夫，做了善業如未得回饋，心中便會生起煩惱，這便是未有真正的慈悲，也沒有無漏的智慧。倘若你能做了善事，未思善報，甚至有人對你恩將仇報，你也不起煩惱，那你已和「無我」的智慧相應。

具有無我的智慧，才會有平等的慈悲，才能真正地斷除煩惱，才能真正地廣度眾生。有很多人認為佛教徒講的慈悲，就是一味地受辱退讓，無原則地逆來順受，無條件地施捨他人，這是對佛教的誤解，也是一種沒有智慧的見解。佛教徒應當要識己、識人、識進退，便是智慧，也是慈悲；沒有智慧做指導的慈悲，那就不是真慈悲。

一個從事各項工作的佛教徒，只要是合情、合理、合法，藉由正業、正命，賺取正當的利潤，而得以造福人群，或藉由正修、正語，而得以利益社會者，便應該當仁不讓，那才是菩薩道的實踐者，所以，佛教徒是積極進取的！就智慧而言，小乘行者只做到斷除自己的煩惱，尚做不到有教無類地廣度眾生。大乘菩薩則在修行成佛的過程中，時時都要做到自利利他，自覺覺人。

一四、身、口、意三儀

個人的威儀，當包括身儀、口儀、心儀的三大項目。初機學佛修行的人，如果離開了這身、口、心的三儀，便無著力點了。

我們在歐美社會隨時可以看到互不相識的人，在街上見了面，彼此點頭舉手打招呼。在東方的日本，更是公認最有禮貌的民族。即使是工商業較落後之南傳佛教國家如泰國等國的國民，也都很有禮貌，見了人以合掌為禮，與長輩說話時也一定先合掌，乃至合著掌說話。

舉凡吃飯、說話、走路、上下車、坐座位、進出門、合拍照等等日常生活瑣事，無不各有其禮儀。希望我們的諸位菩薩，能以身作則，從自己和自己的家人開始做起，在我們處身的社會環境，推行全民的禮貌運動。

佛經裡有個故事，說有兩個牛主人，各自趕著一條拉著車的牛上坡，其中一條牛原是奮力拉著車，使勁地往坡上爬，走在另一輛之前，但這條牛的主人卻沿路不斷地斥喝著：「懶牛！死牛！快點走！」並不時用牛鞭抽打，結果這條牛愈爬愈懊惱，愈走愈不帶勁，結果索性停下不走了。另外本來落後的一條牛的主人，則不斷地對他的牛說著鼓勵的話：「你是乖牛，大力牛，你一定會走得更快的，我也幫你推著車走。」這條牛感受到主人把牠當人看，並且如此地疼愛牠，結果發揮了潛力，迅速地趕上前去，爬上了坡頂。

連動物都是需要用禮貌的話來鼓勵，更何況是人呢！故對於你家調皮叛逆的孩子，即使是內心很想生氣，還是要以尊重的態度以及柔軟關懷的用語，好好地勸勉，讓孩子充分感受到父母對他們的愛心時，可能就會變好。孩子們是會有樣學樣的，會以其身受的方式去對待別人的。

有些人，為了利害關係或需要，在人前顯得畢恭畢敬，很有禮貌，然而一轉身，便可能破口大罵三字經，惡毒語、粗俗語，全都出口了，這不是真正懂得禮儀的人。古人有訓：「君子交絕，不出惡聲。」禮儀必須內外一致，從心裡扎根。

學佛的人應時刻記住：凡人凡物都可能是佛及菩薩的化身、化現。因此要用誠懇虔敬的心，去對待一切的人與物。

一五、人成即佛成

人的內容是什麼？從本能的角度看，是飲食男女，是七情（喜、怒、哀、懼、愛、惡、欲），是六欲（眼、耳、鼻、舌、身、意，佛教則為色欲、形貌欲、威儀欲、言語欲、細滑欲、人相欲）；從人格的角度看，是理智、感情、責任、義務。七情六欲消而美滿人格成，人成方有佛成。

一般人只知為自己爭取權利，而要求他人盡責任、盡義務。但是，一個健全的人格，在談權利之前，必須先以責任和義務為基礎。

從責任及義務看，我們生在世間，各自都會扮演著或多或少不同的角色。具有某種身分即是某種角色，便要切切實實地把那個角色該做的事，好好地做好。

每一個人在同一個時空裡，往往具有多重的身分，要把每一個身分的角色都扮演得恰到好處，實在很不容易，但也必須盡心盡力。一個在家人，不妨先從自己在家裡的角色開始做好，再慢慢擴及工作場所，以及所屬團體的角色，好好地盡到自己應盡的責任義務。

在實際的生活中，你可能會感覺到你是很受委屈的，因為你是如此地盡心盡力，別人卻可能敷衍塞責！如果你能摒除這樣的計較心，即可不受外境的影響，只管做好自己該做的，久而久之，別人也會受你影響，因此便可以由點而線，由線而面地互相影響，終究即有形成社會全面好風氣的希望了。

學佛的最終目的是成佛，要想成佛，必須先要修行菩薩道。修行菩薩道的動機和目的，雖是為了成佛，他的著力點，乃是在成就眾生，在成就眾生的修行過程中，也就成長了自己的智慧及慈悲。換句話說，為了利益眾生而努力充實自己，水漲船高，在利益他人的同時也成長了自己。但到最後，必須完全放下自我利益的心念，才是真正的菩薩行者，才能成就無漏的無上功德。

我們常說的度眾生，是度諸佛心中的眾生；所謂成佛，是成眾生心中的諸佛。其實佛心與眾生心，原是同樣的心。之所以有佛與眾生之區別，是因佛的心已是清淨的，佛的慈悲及智慧也是圓滿的；眾生的心則是雜染的，眾生的智慧與慈悲，已被煩惱遮沒了；眾生縱然也有一點智慧與慈悲，卻是殘缺不全有漏有染的。一旦轉煩惱為智慧，捨自我成慈悲，則眾生心的當下就是佛心了。

眾生的種類繁多，其中唯有人類有明辨是非的認識心，所以可善、可惡，也能為善去惡；只有人類有聽聞正法學佛成佛的善根，所以世尊來到娑婆世界，示現由人成佛的事實。因此世尊告訴我們：「人身難得，佛法難聞。」今天我們何其有幸，生而為人，又得聞佛法，修學佛道，怎麼還不好好地把握住這個難得的大好因緣呢？

自我肯定、自我提昇、自我消融

佛教講「空」、「無相」、「無我」。空的道理，前面已經解釋。無相是一切現象的本身，即是本無自性的空。無我是因一切的現象，無論身心世界，均非永恆，妄想執著，為我及我所有，無我是從發現了妄想執著的假我而來，要從妄想的「我執」轉為「無我」的智慧，便是學佛的目的。可是一般人連自己的「我」是什麼都不清楚，又如何能「無我」呢？就好像一個人從未見過錢，對於有錢沒錢，有什麼不同，自然無法分辨。因此，一定先要認明了自我，肯定了自我的存在，才能再談無我。

一般接觸佛教不深的人，都是跳過「自我」來談「無我」，那是不切實際的，也把佛法誤解了，便誤以為佛教是否定現實的。殊不知，一個尚不了解現實為何的人，又如何否定現實呢？必須先落實到現實、肯定了現實，更進一步超越現實，才是佛教的本意。

佛教徒中的許多人，不明白無我是要從有我起步的，故不知需要經過自我肯定及自我提昇的成長階段，一開始就要求自己也要求別人無我無相，因此而導致一般人誤會佛教徒是消極厭世、逃避現實之輩。

晚近中國的大乘佛教，具有中國文化好簡、好略的性格，結果簡而不實，略而不詳，人人都想一步登天，頓悟成佛，而沒有做紮實的基礎工作。這種偏差的思想觀念，瀰漫於晚近的中國佛教界，以致知識分子的士大夫階層，普遍地輕視佛教，討厭佛教。

現在先請諸位菩薩做到自我的肯定，如何肯定自我？要從現在的立足點開始。

自我肯定，必須從因果的事實和因緣的現象來認識自我是什麼？這是一種自我價值的肯定，如果否定這種價值，將會覺得人生只是一場無聊又無奈的惡夢。因此，有許多人，在遇到無法跨越的障礙、無能解決的困難、無從挽回的挫折時，便會慨嘆他們自己，為何要生存在這個世界上！擔驚冒險，受苦受難，忙忙碌碌，到底為的是誰！

其實，佛法告訴我們，不論從有漏的因果看，或從無漏的因果看，人的生存與生活，都是為了自己辛苦，為了自己忙碌。總歸一句話，人生的意義，是對過去的所作所為負責，是為將來的似錦前程努力。俗語說：「種瓜得瓜，種豆得豆。」事實上我們都知道，有瓜有豆，必定由於種瓜種豆；同時也必須明白，種瓜未必得瓜，種豆也未必得豆；但若不種，則肯定是什麼都得不到的。

時間是過去、現在、未來，無止盡地延續，因此一定要肯定自我存在的價值，要時時把握現在，處處活在當下，盡量避免造罪，努力種植善因，如能得到好的助緣，自然能得好的成果，否則將來的命運，即可能身陷罪惡，無法自拔，就要負擔起後果堪虞的責任了。

佛法於唐朝時期傳至日本後，他們一直加以實用，用佛法來強國家、強民族、強文化，其後的武士道、茶道、花道、劍道等等，都是從禪佛教的精神衍生而來。而中國的禪宗卻偏落向兩個現象：不是僅止於口頭禪的空談，便是在山野的叢林修行。此與日本比較，大異其趣，這些都是直接、間接導致我國佛教近幾百年來衰微沒落的原因。

我曾說過這樣的三句話：「你家有事，他家有事，我家沒事。」正因為「我家」沒事，所以我能為他人隨緣行事，隨時結緣，所有的事都不是為「我」而做，乃應他人的需求而做。重要的是這個「我」，也不認為自己有做了什麼好事，否則仍是有個「我」的存在而落入我執。換句話說，不是主動去幫他人的忙，也不是被動去幫他人的忙，只是因緣促成，做了幫助他人的事。所以說是：「你家有事，他家有事，我家沒事。」這在禪宗來說，悟後的大德，便是一位忙碌非常的「無事人」。

人們經常會用「萬事如意」，來為他人祝福，也為自己祈願，但是真的能夠萬事如意嗎？追求如意的時候，往往已在不如意中；追求如意的過程和結果，往往又是使得自己增加痛苦的經驗。相反地，如以無所求心，來盡其在我地全心努力，則當遇到困難挫折之時，便能不受成敗的影響，而能不以為苦。

認真生活的本身，就是在重重困難中展現生機的過程，不斷地努力，也會不斷地遇上挫折及困難。即使是為有益於社會大眾而付出自己的努力，一樣是要面對艱難辛苦及阻礙打擊的事實。困難不順利的情況，既然已是自己的意料中事，豈不就是萬事如意呢？人生就是要在如此的情況中，肯定自我及提昇自我。

消融自我或「自我消融」，也是要從這種「萬事如意」的心態開始。

以凡夫的立場而言，若想要達到自我消融的目的，必須要學習佛的心量，至少要做到如下的三點：1.包容心，以廣大無邊的心量，包容一切眾生；2.關懷心，以平等的慈悲，關懷一切眾生；3.無相心，以無私的智慧，消融自我。包容是靜態地不拒絕任何一個眾生，就是在自我的心中包容一切眾生。關懷是動態地不捨棄任何一個眾生，就是經常主動去照顧一切眾生。無相是超越了能度的自我及被度的眾生，而在包容眾生、關懷眾生，那是慈悲與智慧的總和，廣度眾生而不以為有眾生已度、正度、當度，這便是學佛的目的，消融自我。

自我消融，要靠無我無相的智慧來完成，但在一般人的日常生活中，也可以隨時練習。現代人的社會中，充滿了父子、母女、師生等人與人間的相嫉相妒、相爭相抗的情形，上對下不慈憫，下對上不尊敬，或是為了一丁半點的利害關係，就會弄得兄弟鬩牆，骨肉反目，倫常顛倒。剛才談到要把消融自我的第一點，就是要能有包容心，即使一時間做不到怨親平等地包容一切眾生，至少應該做到包容自己的親友。

就關懷來說，關懷他人，似乎只是單向地付出，實則付出之後，必有回收：一者能夠使得被你關懷的人對你產生信賴；二者對你本身而言，付出就是一大歡喜。故對他人多一分關懷，就能多得一分來自他人的安全感及安慰感，在無形之中，增長了自己的福德智慧，在成佛之道，又前進了一程。

諸位居士們，在家庭生活中，就夫妻而言，要相互包容彼此的缺點和不同的意見。包容他人的缺點，能夠發現他人的優點；尊重他人的意見，能夠促成彼此的和諧。這也是提昇自我及消融自我的方法之一。

首先必須承認自己不是一個十全十美的人，不論在性格上、心理上、言行上，都有很多的缺點，也用這樣的想法看待他人，便可諒解他人有缺點也是正常事，豈容自己一味地挑剔他人。當他人的意見與自己的不一致時，切記要將心比心，若能換個立場為他人想想，往往角色轉換後，便能夠接納對方了。彼此都能以包容心及關懷心相互對待，即有助於彼此間的相互接納，共同成長。可見，徹底地消融自我雖不容易，但也不妨在日常生活中培養包容心、關懷心、無私心。

總而言之，做為一個人，必須先要認識自己、肯定自己，唯有能夠自我肯定的人，才有自信心來努力提昇自我。

對一個學佛的人來說，最終目的乃是成佛，如果能夠透過無限的包容與平等的關懷，來廣結善緣，普濟眾生，將來一定能夠消融自我，成就佛道。

結營前的綜合討論

一、各組心得

第一組報告：從此勿走冤枉路

我們這組的成員中，有曾是二十多年虔誠的基督徒，在某種因緣下，受師父感召學佛。有患失眠症的、菸癮的、脾氣暴躁的，也有已有二、三十年宗教經驗，四處尋訪明師的，更有人有氣動及神通等種種經驗的。可謂各路豪傑，齊聚一堂。

不論各人的背景如何，三天下來，大家一致的心得是對師父的風範及人格修養，至誠感佩。雖然是初學，大家對於佛法及禪修，卻都已有較深的體會。

甚至連果暉法師跟師父出家十年了，也表示這幾天從師父的某些開示中，得到新啟示，重新做不同方式的實踐後，有了另一番的體會。

有位師兄報告他曾經迂迴走過許多冤枉路，才到了這裡，讚歎我們其他人能一開始便跟隨師父學習，真有福報！

我們認為師父不只是位禪師，還是位人師，他的風範、他的道德修養，讓人有如沐春風的感受，所以他所傳授的佛法，才能有如此強大的說服力。

比如打坐用的數息法，如非師父這樣的高僧所教，大家可能對這麼簡單的方法不易信服，反而可能好高騖遠，走旁門左道，胡參瞎練走入歧途，浪費時間，無助修行。

佛法浩瀚深遠，有些人從跟佛法有關的書籍中所吸收到的知識、常識，感覺佛法似乎跟很多日常的價值觀是不相容的，因而感到迷惑，而在修行的路上徬徨徘徊。這三天中，師父把佛教的積極性，與生活融合的觀念，透過簡單易懂的說法，灌輸給我們，當可解除在佛法外徘徊的師兄師姊們的疑惑了。

第二組報告：死而復甦救了人

基督教有一句話說，一粒種子擺在那裡還是一粒種子，一粒種子如果撒在土裡，則會發芽，生長成樹。在禪修營這三天中，有的人有一種死而復甦的感受。有些人來此之前，有人告訴他們，去禪修回來之後，頭上便會有光圈、光環，導致他們很緊張，覺得壓力很大。

歸納這幾天所學，大致是屬於思想、觀念方面的較多。但回去之後似乎應該把這內在的，轉換成外在的行為，表達出來。因此有人說，臉應常帶微笑，說話要像師父一樣柔軟，對人應更親切些，凡事不要盡往不如意處想。

有位師兄對孩子的教育一向是不講道理的，他跟他的孩子都像是跆拳道的黑帶級，每次都是兩個人比賽，誰贏就聽誰的。他說這次回去之後，要改變對孩子的教育方式。看來師父又救了一個人，救了一個家庭了。

另一位師兄是說他經常在辦公室，遇到看不順眼的人和事，就破口大罵。聽了師父的開示後，明白確實凡事都應從不同的角度來看，應有包容心及關懷心，要懂得自我反省。

我們都了解這無限的包容與平等的關懷是涵蓋對一切的人、事與物，且要不斷地提醒自己，不斷地學習，似乎不光是面帶笑容、柔軟親切就算數了。

師父再三強調要把握現在，活在當下，「此刻」是最重要的。有人說他對部屬一向很親切，凡事尊重他們的意見，捨棄自己的成見，但他們反而認為他太民主了。現在學到師父所說的「活在當下」，今後「當下」必要的話，他會堅持自己的意見。

有位師兄說了一個「凡事盡量往好的方向想」的故事。他說有一個寺廟的大施主，每次到寺廟去都受到很好的禮遇，有一次去了之後，方丈一下叫徒弟切水果，一下倒茶水地來招待他，這個徒弟都很勤快地去做。

後來方丈有事外出，叫徒弟陪這位施主吃飯。這個施主心裡便不大受用，覺得自己這麼重要，方丈不陪倒叫個徒弟陪。於是他問這個徒弟：「為什麼方丈要你切水果便去切水果？」這徒弟答：「很好啊！師父還沒叫我去種水果呢！」「為什麼叫你倒水就倒水呢？」徒弟又答：「很好哪！還沒有叫我去燒水呢！」

這個故事告訴我們：凡事往好處想，心裡便會舒坦得多，日子也會好過些。

還有位師兄認為這幾天師父的開示，等於是送了我們一面鏡子，供我們隨時隨地檢查自己。

第三組報告：自己有福學修行

我們這組一致的感想是覺得自己很有福報，能參加此次禪修營。師父的德學、口才太好，不想相信他都難，所以不得不學到很多。此外，負責輔導的法師們、護持的義工們，誠懇無私地付出，實是我們最好的身教榜樣。

禪修真的像是攬鏡自照，非常有意思。有人兩年前在農禪寺學禪坐時，就有這種感覺。當自己完全沉靜下來，把雜念、妄念去除後，做任何事都可以很專注。

師父舉例子說，野獸只有在肚子餓的時候才吃人，吃飽了即使人站在牠旁邊，只要人不惹牠，牠並不一定會傷人。而看看我們人類，為了滿足口腹之欲，什麼東西都可吃下肚去；為了私利，不惜嚴重汙染破壞河川、土壤、海域和空氣。有人從事環保工作，曾親眼目睹一隻活生生的海龜，因喝了受汙染的海水而當場斃命，很多時候人心比野獸還可怕。

我們這組有一致的願望，就是一定要把禪修營的所學所得，帶回去落實在生活、工作、人際關係以及各種的學習上，做到師父說的「把佛法與生命結合」。

第四組報告：因病給藥好醫生

一進法鼓山就看到法鼓山的理念標語：「提昇人的品質，建設人間淨土。」這三天來，一直在思考這兩句話的意義，終於體會到我們得以參加此次禪修營，除了各人的福報外，師父要提昇人的品質的願力才是主因，至於建設人間淨土，似乎今後我們的責任比師父還重。

在禪修營裡，師父融合佛學、心理學、社會學、哲學、醫學，將我們的生活及生命等切身的問題提出，並以簡單易懂的方式，教我們如何自我反省、自我觀照，凡事往好處想，以及以平等心待人對事，各種困難問題，將會自然地迎刃而解。師父就像一位醫生，針對不同的病人開給了不同的藥方，很多師兄師姊們表示，服了師父的方子，已經覺得自己的病症減輕很多了。

第五組報告：悲智兼顧利益人

此次參加禪修營的成員，大多數是負擔重任、身居要職、有高成就的企業老闆或高級主管。但經三天下來，我們都體悟到自己跟別人一樣，只是一介凡夫，沒有什麼地方比別人強。無形中，貢高我慢、自視自負的心減了不少。

我們真的不應由於自己比較有學問或有錢而自覺高人一等。比如說，清潔隊員或清潔工友，做的是清除垃圾、掃廁所等的雜事，我們不願做也不敢做，即使做了也沒他們做得好，就此事而言，我們便不如他們。這是一個分工的社會，人與人之間只有分職、分工的區別，沒有我高你低的分別，我想這就是師父所開示的：「以平等心來待人接物」的精神。

有人因長期工作繁忙、睡眠不足，脾氣暴躁易怒，部屬們經常對他敬而遠之，慢慢地，他自己也發現了那張生氣的臉，真是難看。於是就在他的辦公桌上，擺了一面鏡子，當要動怒時便照照鏡子，久而久之，情緒比較不會那麼容易波動了，甚至遇到狀況，反而能夠鎮定地安撫部屬；情境一改變，任務反而容易完成。因此，這幾天的禪修訓練，他對於「定」的體悟相當深刻，他確信自己往後更能夠不慌不忙、從從容容地去面對所遭遇的一切，用智慧去解決各種難題。

有人說，對於「迴向」，可借用胡適先生的一句話「做人要預留利息在人間」來表達，鼓勵大家多做善事，雖然自己不一定能得到回饋，說不定我們正為自己的子孫種了福田。

中國人常是羞於把內心的感受表達出來，如果能不吝於讚歎別人，必可縮短人與人之間的距離，增進人與人之間的感情。正如師父說的，我們每個人都有責任，從自己做起，去帶動整個社會的風氣。

有人提到他曾花很多錢去助人，結果反而傷了自己。這是沒有把慈悲和智慧配合起來運用的緣故，唯有運用了智慧，才不會落入濫慈悲；而在發揮智慧的同時，又必須有慈悲心做基礎來利益他人，這樣才是正確的佛法。這真是我們要好好學習的課題。

第六組報告：把心智障礙兒當菩薩

我們這組有一位師兄是牙醫，以前他也很怕自己會生養到心智障礙的子女。但自從他成為一個啟智學校的義務校醫後，才發現心智障礙的孩子，其實也有非常純真和乖巧的一面。師父前天開示要把心智障礙兒當菩薩看待的自動還債觀念，他覺得在他的工作中得到了印證。

另有位師兄因事業投資關係，經常前往大陸，發現正如師父所說，大陸的人更缺乏身儀、口儀和心儀，比臺灣的人更沒有禮儀。他發心要把在法鼓山所學到的禪心、佛心帶到大陸去弘揚。

我們每個人都有太多的煩惱，斷煩惱便成了一項最重要的課題。如能做到不要太重視自我，不要太主觀，以空無的觀念去對應煩惱的現象，並把心胸打開，無限地包容、平等地關懷一切人，相信將如師父所說，我們會體驗到「煩惱就是智慧的泉源」。

第七組報告：行、住、坐、臥皆是禪

我們這組的成員，來此之前，跟社會上大部分的人一樣，對佛教不了解，經過這三天的學習，對佛教有了比較深刻和正確的認識，回去之後，將盡可能把正確的訊息，傳播給我們的社會。

經過三天的禪修熏陶，有些粗略的心得，與大家分享：

（一）打坐在心理上有助於培養定力、專注目標和掌握自己。

（二）長期持久地打坐，可鍛鍊出健康的體魄，來應付繁忙的工作和生活。

（三）在工作上應建立一明確的觀念，即是「有部屬才會有主管」。有了這樣的心態，就較懂得尊重人，對於和部屬相處及領導有很大的幫助。

（四）我們都知道行、住、坐、臥皆是禪，這三天中學到的經驗是，當快步經行時，不但要動，且動得俐落；慢步經行時，不僅要慢，且慢如蝸牛。人生正是如此，順境來時有如快步經行，痛快無比。逆境到時，卻彷如蝸牛爬行，漫漫長路無止盡。但無論順逆都不要忘了要如師父所說的：「腳踏實地，步步為營。」

二、聖嚴法師結語

安全的方法與正確的觀念

從第一屆社會菁英禪修營開始，就有關於禪修營名稱及飲食方面之建議，但是我們一直未有改變，是有原因的。

每一屆禪修營報名的人數都很多，限於法鼓山的人力及場地等等因素，只能錄取三、四十位。各位均是從眾多報名的人當中遴選出來的，確實是帶動社會發展及進步的菁英。

有人提到這幾天被照顧得太周到，希望也有動動手的機會。其實過去三屆都有象徵性地請學員菩薩們掃地、抹桌椅、擦玻璃窗等簡單的事，可是發現大家似乎不會做，做得並不好，譬如說，玻璃窗愈擦愈模糊；而且因為要工作，沒有休息，結果一上課就打瞌睡。所以這一屆就取消工作，讓各位菩薩在這三天中接受完全的服務、招待，以便好好地學習。

三天下來，已有人發心要做義工了，這是被人服務後，慚愧心出現，自負心減少之故。今後不管你們是到法鼓山的農禪寺或到其他什麼地方做義工，這個禪修營的舉辦，已算是成功了。

有一位菩薩建議，在禪修營舉辦前，先在媒體上做廣告，讓更多的人知道以便來參加。這可千萬使不得，我們並不反對媒體報導，但不能做廣告。

我是秉持將自己所懂的佛法，來會通世間法，以生活化的方式，傳授給大眾。我個人特別強調，要以「安全的方法」和「正確的觀念」並重，方法是佛法的實踐，觀念是佛法的方針。用佛法的實踐和方針指導世間的平安與淨化，是我多年努力的一點心得。

有人詢及社會菁英禪修營結束之後的後續修行問題。各位如有興趣，以後可以參加禪七的修行。將來法鼓山建設好了，會一個梯次一個梯次、一個層次一個層次地定期舉辦。在法鼓山未建設好之前，農禪寺也有定期的禪修活動。農禪寺的環境沒有法鼓山這回禪修營的理想，各位如欲體驗苦修的滋味，歡迎到農禪寺來。

（本文由蘇麗美居士從錄音帶整理成文，再經聖嚴法師逐字逐句三番刪修，定稿於一九九四年十一月二十五日）

禪修的功能

一、菩薩的意義

諸位菩薩，我謹代表本禪寺歡迎諸位來參加我們的華人社會菁英禪修營。

今天課程的重點有兩個：第一是禪坐的方法和概念，第二是禪坐的精神和功能。我們會讓諸位學會打坐的基本方法，也能獲得正確的禪修觀念。至於禪坐的精神及功能，有三個層次：一是自我肯定；二是自我提昇，又叫作自我的成長；三是自我的消融，完成自我的消融，就是大徹大悟的人了。

我稱諸位是「菩薩」，諸位一定很不習慣，因為一般人印象中的菩薩，是供在佛龕裡的偶像，諸位怎麼可能是菩薩呢？其實菩薩的意思是對自己用智慧化解煩惱，對他人用慈悲救濟苦難。有智慧使心中不起煩惱，有慈悲使心中沒有敵人。能夠做到這兩點，就是菩薩。諸位相信自己還不是菩薩，可是來參加禪修營的目的，就是為了學習菩薩精神，培養智慧和慈悲。如何才有智慧？能夠肯定自我，成長自我之後，就能消融自我，能夠消融多少自我，就有多少智慧的功能。如何能有慈悲？能夠消融自我，自然能夠包容他人、關懷他人；能夠包容他人、關懷他人，就是慈悲的表現。

菩薩的意思，便是用無我的智慧及平等的慈悲，來自利利人。如何自利？是使自己少一些煩惱，多一些智慧。如何利人？讓自己多一些慈悲的心腸，讓別人少一些苦難的困擾。

二、身心的放鬆

今天課程的第一個項目，是教諸位學打坐。打坐的基本要領，是先放鬆身心，才能放下身心。現代人，尤其是生活在美國紐約的人，都是非常緊張，上班趕時間緊張，在公司辦公室緊張，下班開車緊張，回到家裡和先生、太太、孩子在一起時，也有可能緊張。假日出去玩樂時也很緊張，趕緊出去，趕緊回來。最近報紙上有一則臺灣的消息，說有四、五個人在一家卡拉OK裡又唱又喝又吃，很興奮地玩樂之後，下了樓出電梯時，緊緊張張地爭先恐後，正巧遇上從外面進來了四、五個人，也是緊緊張張地要進電梯，兩隊人馬，便在電梯門口發生了衝突，結果新來的一夥人，憤怒地開槍，把另一夥準備離開的人，打死了幾個，打傷了幾個。如果他們在我們東初禪寺或者在農禪寺打完坐，走出寺門，一定很輕鬆，即使有人緊緊張張地衝進來，打坐之後出來的人遇到他們，一定會輕輕鬆鬆地說：「阿彌陀佛，對不起，你先請。」

我們想在緊張的環境內求生存，就需要放鬆身心。然而，許多人希望放鬆自己的身心，卻沒有門徑。告訴諸位，學習打坐，就能夠讓我們練習如何放鬆身心。（以下有關練習放鬆和打坐的具體方法從略）

三、打坐的功能

打坐的功能有三項：第一是達到身心平衡，第二是達到精神穩定，第三是達到智慧心及慈悲心的開發。

身心平衡：就是身體平衡和心理平衡，這就是身心健康。如果一個人的身體強壯像水牛，心理脆弱像老鼠，就不能說健康。

精神穩定：精神的涵義比較難理解，那不是心理，也不是生理，但是跟身心有關，它會產生無形的功能，會從有形的行為表現出來。

智慧及慈悲的開發是什麼？如果有了身心統一，以及自己和宇宙統一的經驗，精神就能統一。如果把精神和身心的執著超越了，就有智慧力及慈悲心開發出來。這裡說的智慧不是知識，也不是學問，而是絕對的決斷力。

四、打坐的反應

打坐時可能產生的反應現象有四類：

第一類現象是痛、痲、痠、癢，其中除了心痛和頭痛是有病以外，其他如腿痛、腰痛、肚子痛都是正常現象；痲的情況通常都在腿部，並沒有危險，有兩種痲法：一種是站起來時，覺得兩條腿不是自己的，甩甩腿，慢慢地走幾步就好了；另一種是痲痹，腿上有一塊皮膚捏著時好像不是自己的，不要緊張，過一段時間自然會好。痠的情況，通常是在腰部或者是在關節，起坐以後，用手按摩幾下就會好；我們打坐時為什麼要用大毛巾蓋住兩腿？就是為了避免風寒，以免痠痛發生。癢有兩種情況：一種是皮膚癢，這是體內有一種濁氣或油垢，經過皮膚毛孔排出時，會感覺癢；另一種是骨頭癢，這是經絡的氣脈不順，才會發生。打坐時調整氣脈的運行，就產生了癢的感覺，最好不去管它。

第二類現象是暖與熱、涼與寒。發熱發寒是生病了，不能打坐，要看醫生診治，清涼感和溫暖感就很好。

第三類現象是氣動。在打坐時出現動的現象，分為兩種：一是氣動，一是靈動。氣動又分為兩種：一種是不規則地動，一種是規則地動。

不規則地動是每次打坐時就會出現，但是動的部位、動的方式不固定，有時手抖，有時腿跳，有時頭搖。規則地動是每次打坐都在固定的一個部位，發生動的現象。

動的時候會有大動和小動的不同。我有一個弟子，可謂本領大得很，有一次打坐時因為有人大聲咳嗽，結果使他「砰」地一下跳起來，翻個筋斗，再坐下來。人家受到驚嚇，他還在那裡坐得好好的。過了幾年以後的現在，已平靜了。另外有一位女醫生，現住在美國，她學打坐已經十來年了，最初開始時，全身的氣動很厲害，到現在，動的現象已愈來愈少。還有一位住在我們附近的女畫家，她的氣動不僅在打坐時，即使在做家事時，只要多用一點力一接觸家具，馬上會有反彈的現象，當她知道排氣的方法後，現在已經正常了。

打坐時發生氣動的人，如果你學會排氣，可以從腳底心、肛門或者從喉嚨呃氣的方式排出。不管氣動發生在身體的哪一部位，你的注意力不要放在鼻孔或小腹的出入息，要放在腳底心的湧泉穴，注意一段時間之後，氣動的現象就會消失。有人因為動得厲害，不能繼續打坐，就暫時不打坐。

第四類現象是靈動。發生靈動的人，大致上是有點神經質，有點歇斯底里的；期待心很強的人，也容易發生靈動的現象。靈是什麼？是一種漂浮在我們生活空間的靈體、靈力，在我們環境裡處處都可能有。神經質、期待心與恐懼感很強的人，這些靈體就容易有機會乘虛而入，來的時候，會自然而然使你身體出現某些動作，譬如會做出各種手印，有規律地重複和變化，常常於一個手印反覆三次、七次、十四次、二十一次，最多有七七四十九次，之後再變換另一種手印，很有規律。但這不是你的自我意識在控制，而是靈體的力量在操作你身體的動作。

由靈動也可以產生靈感，這不是寫文章的靈感，而是一種靈力的感應，能讓你聽到看到平常人不容易聽到和看到的。這種靈力感應，可能是真的，也可以是假的。所謂真的，即是本來你不可能聽到的，而你聽到了，譬如你在這裡打坐時，卻聽到在曼哈頓的先生或者太太講了一句什麼話，你立刻打電話去問，他

（她）回答說：「是啊！我剛才講過這句話，你怎麼知道的？」你會奇怪，你在皇后區的東初禪寺打坐時，產生了特異功能。請不要高興，那根本不是特異功能，而只是由一種靈力的媒介，給你傳遞了消息。

靈動在初期發覺後，是容易控制的，只要心裡想著說：「這是靈體在使我動，不是我自己在動，我不要讓靈力支配我，我要指揮身體不要跟著靈動。」就能漸漸地擺脫靈動了。十多年前，曾有一位居士在我們東初禪寺打坐，坐著坐著，卻站起來打太極拳了。我問他：「你打過太極拳嗎？」他說：「沒有。」我再問他：「跟誰學過太極拳嗎？」他仍說：「沒有。」我說：「這一招姿勢不是這樣的。」並且幫他糾正過來，他又恢復成那個錯誤的姿勢，並對我說：「師父你教我的姿勢是錯的，我的姿勢是對的。」我問他：「誰告訴你的？」他說：「我聽到一個聲音在告訴我：剛才法師教你的姿勢是錯的。」這已是靈動及靈感雙重表現了。我勸告他：「如果你繼續接受這種來自靈力的命令，就會成為靈媒了！」後來這位居士在出現靈動，做出打拳的動作時，出現靈感，聽到靈體的聲音，他就暗示他自己：「我不跟著做動作，也不想聽他的指示。」不久之後，這種現象就不再出現了。

打坐會有身心反應，是平常事，無所謂好壞，當成幻覺處理是最安全的。

有一位太太，在我們禪七中，連坐了兩炷香的時間都沒有起座，我走過去從她背後用香板輕拍她的肩膀，隔了幾秒鐘，她緩緩地轉過頭來問：「師父，你為什麼把我叫出來？」接著我約她個別談話，問她發生了什麼事。她說，她剛才是到極樂世界去了。她首先是看到她座位前面的牆壁上，出現一幅圖畫似的景色，接著便投進了那個境界，一直到我拍她肩膀時，就回來了。對於一般信徒而言，這的確是能讓人生起信心的好現象，但在禪修者而言，這是幻境。也有人看到牆壁上的花紋變成老虎、獅子等，由靜態的變成動態的，這些都是幻覺。在打坐時，凡是耳聽、眼看、鼻聞到的異象，全是幻境。

有的人不在打坐時，也會聞到某種香味。曾有一位居士告訴我，有一天她在一座大樓底下聞到一股檀香味，覺得好喜歡，於是跟著香味尋找，尋到樓上一戶人家，敲開門，屋裡供著一尊像，檀香味就是從那尊像上散發出來的。

幻境、幻覺有可能是真的，多半是假的。假的是只有你一個人看到、聽到、聞到，周圍的其他人沒有感覺到。真的是當你發現時，其他的人也可發現的感官境界。比如你正在我們寺內打坐時，看到自己的孩子摔了一跤，打個電話去問你太太，真的是孩子摔了一跤。這雖是真的，依然要當幻覺處理，否則你就有很多麻煩了。所謂走火入魔，便是這樣形成的。《楞嚴經》裡說，凡是任何一種境界出現，不管是幻境還是幻覺，不管是你親眼看到、親耳聽到、親身感受到的，若當作聖境執著，就會著魔，當作幻覺則見怪不怪，其怪自敗。你才能夠繼續修行清淨的佛法。

因此，禪宗的修行經驗一定是非常清淨的，即所謂「魔來魔斬，佛來佛斬」。意思是任何反應、任何感應，都要當成平常現象和幻覺、幻境處理，才是最健康、最安全的禪修觀念。因為初學坐禪的人，沒有辦法判斷異常經驗是真是假，乾脆一律視為是假是幻，是比較妥當正確的。一旦有了重大的禪修經驗，那就應該到師父這裡來請求勘驗了。

五、自我的肯定

自我肯定，就是對自己有信心，如果沒有自信心的人，就會像一隻火雞，遇到警報時，會把翼翅及尾羽豎起來虛張聲勢一番；或者像一隻澳洲的鴕鳥，牠害怕敵人襲擊時，便一頭鑽進沙堆裡，躲起來，自欺而不能欺人地苟且偷安一番。能夠自我肯定的人，不會虛驕，不會逃避。自己是什麼就是什麼，有半斤就是半斤，有四兩就是四兩，實實在在。有許多人希望由他人來承認和肯定自己是真正的人物，他們自己也假裝著是個很了不起的人物，這就不是自我肯定。其實，一個人若無自知之明，就會常遇到挫折。除非這個人的福氣好，處處能夠歪打正著，否則的話，他會處處碰壁，還不知錯在哪裡，最後就變成沒有信心。因此，要想得到他人對自己的肯定，必先完成自我肯定，有了自知之明，才能自我肯定，才會建立起自信。

《孫子兵法》主張：「知彼知己，百戰不殆。」其實，以常人而言，知己要比知彼更難。例如在家庭裡，夫婦兩人如果經常吵架，老是互相指責對方，看對方這也不是，那也不是，問題就是出在夫婦兩人都只看到對方的不是，而未明白自己的習氣。凡是知彼而不知己的人，一定是煩惱多多，既不會做人，也難於成事。

自我的肯定，不等於自我的膨脹、自我吹噓、自我誇大。自我肯定必須建立在自我了解的基礎上。譬如像我這樣的人，好多人跟我講：「聖嚴法師，以你的智慧和才能，如果不當和尚，也能當到部長。」但我知道自己的底細，最好還是當和尚，我不是當部長的材料。例如一九九二年，臺灣的執政黨不斷地找我，要我擔任不分區的國民大會代表。當時我很感謝國民黨，和尚之中的確該有人出來問政，但是我很清楚，我自知不是一個適合當國大代表的人。類似的機會，包括名、利、位、女色等，滿不少的，可是我還只是肯定自己，最好是只做一個普通和尚。又如一九七五年時，我在日本留學，已經取得了博士學位。那時正逢臺灣退出聯合國，日本又承認了大陸政權，臺灣的前途未卜。就有一位日本教授對我很關心地勸說：「臺灣已成了國際孤兒，你今後如何打算？」我說：「是啊！今後聽天由命，一切都靠因緣。」他說：「我介紹你到一個寺院當住持如何？」我說：「有一個寺院住持做也不錯啊！」教授說：「不過，依照日本的習慣，寺院住持，必須娶妻。」原來當時有一小寺院的住持去世了，留下遺孀及一個年輕的女兒，卻未有兒子來接住持的位置，那對母女就必須離開寺院。在這青黃不接的時候，那位教授想我這個人大概可以遞補一下。後來母女兩人來看我，這就是相親囉。我想那怎麼行！我還是適合做一個不娶老婆的中國和尚。幸虧我能自我肯定，所以今天還能夠在這裡跟你們諸位講自我肯定。

我們應該知道自己的分量，應該了解自己是什麼樣的材料，然後來充實自我，發揮自我；不放棄自我的既定方向，不動搖自我的基本信念，就不會受到環境的影響而失落了自我。例如也有人曾對我說：「你是個文學博士，也寫了不少本書。如果你是個在家居士，肯定是一個名作家。」我說：「好在我做了和尚，要不然就沒有文章可寫了。」也有人建議我說：「你們法鼓山及東初禪寺不是需要很多錢嘛？何不跟我們合夥來做生意，賺了錢就可以弘揚佛法。」我說：「千萬請你不要害人。我若做了生意，必定一敗塗地！」像你們諸位都是在事業上已經成功的社會菁英，你們一定知道，脫離自己的專長，改行不是不可以，但是必須要考量每個人都有他們的先天資質及後天條件，那就是因緣的配合，也就是知己知彼，或者叫作識人識己識時務。

要想自我肯定，必須增長優點，改善缺點。若能自知缺點，也是一種優點；若是誇張優點，便是一種缺點。

如何知道自己的缺點？如何發現自己的優點？打坐便是好方法。諸位是不是常聽說「身不由己」和「心不由己」兩句話？你會發現心不由己的妄念或雜念太多了。自己的心中所想的，往往不是自己要想的；自己希望要想的，往往反而想不出來。妄想雜念，是非自主的思緒和念頭，與妄想雜念相對的是自主自律的正知正念。我們能夠經常自主地指揮自己的念頭，去想什麼和不想什麼的時候是很少的。常常心不由己，品德就有問題。所以，一般沒有修行經驗的人，其品德大致上都不是很健全的。如果一個人的品德已經十全十美，那就是成佛了。因此，平常人的品德不健全是正常現象。然而，許多人都不知道自己的品德不健全。所以常常聽到有人說：「請你不要侮辱我的人格。」這似乎是說，他的品德本來已經很完美，可是被他人侮辱之後就不完美了。其實，人人都應該坦誠地承認自己的品德尚有許多問題，才能面對自己的缺點，改善自己的缺點；能以真面目見人，坦誠承認自己的缺點，反而是一種美德。

如何衡量優點和缺點？不能光用別人的判斷，要用你自己的標準，別人看你是缺點，也許恰恰是你的優點。優點和缺點，長處和短處，很難有絕對標準，從這邊來看，認為是優點和長處，但是從另外一個立場看，很可能被認為是缺點和短處。原因是優點和缺點往往是相反、是相成的，例如你的缺點，恰恰也是另一個人的缺點，配在一起，臭氣相投，正好他需要你。反過來說，如果你的長處正好是另一人的長處，兩強相抗，他就容不得你了。

人與人相比，都有多福、少福和無福的區別。一個人今天因緣未成熟，所以沒有福；過幾天因緣成熟了，就是有福的人了。當因緣不成熟時，不要失望，說不定另外一個機會正在等著你。

人的優缺點，可以是多方面的：有性格的、有品德的、有心理的、有智能的，最重要的還是在於福德因緣的配合與否。

所謂大丈夫要能屈能伸、舒卷自如，一般人往往是能伸不能屈，那便是大缺點。

先要自我肯定，才能受人肯定；先要自己有信心，他人才會對你有信心；先要尊敬他人，才能得到他人的尊敬。

我勉勵我們法鼓山的全體會員，要有「見人低一級」的修養。意思是不要自高自大，要虛懷若谷；不要盛氣凌人，要尊上謙下。可是，對長輩、對能力強過自己的人，謙虛還容易，對晚輩、對不如你的人謙虛禮讓，就很不容易了。如果當你的稚子叛逆不聽話時，你是打他一頓，罵他一番，還是倒一杯茶給他？小孩子有叛逆的表現時，倒一杯茶給他，可能要比打罵訓責一頓更好。這就是見人低一級的好處。

見人低一級，並不是自我作賤，而是自我的尊重，敬人者人恆敬之。所以面對任何人時，一定要在心平氣和的態度下，尊重他，關懷他；在肯定他人、幫助他人同時，也肯定了自己。

六、自我的成長

成長什麼？成長自我的智慧與慈悲。

有智慧的菩薩，不會厭世，也不會戀世，故名為出世；真能出世，才能入世及化世。入世化世而成為圓滿的大覺者，便是成佛。例如諸佛成佛都以人身在人間成佛，一切菩薩必須以慈悲心廣度眾生，方能成佛，假如菩薩不入世間，豈有眾生可度；菩薩出現世間而又迷戀世間，豈能救度眾生？唯有入世，才能有化世的工作好做。菩薩們有慈悲，所以能入世化世；菩薩們有智慧，所以入世而不會被世事迷惑，並且運用智慧來指導去做救度眾生的化世工作。這就是悲智雙運、福慧雙修的菩薩行。

智慧是如何得到的？有三個方面：第一是聞慧，從聽講開示、看佛經書而摒除邪見，建立正見，信因果，明因緣。第二是思慧，以禪觀的方法，做思惟練習，從思惟而得一心的定境，由定力而產生明晰的智慧。第三是修慧，就是修戒、定、慧的三無漏學。修戒是在身、口、意三種行為方面，不做自害害人的事，不說自害害人的話，不動自害害人的念頭。也就是：「諸惡莫作，眾善奉行。」盡一己之所能及所有，用身、口、意三業，來做自利利他、利益一切眾生的事，就會產生無我的智慧。

修戒，亦名為持戒，凡是危害身心健康的行為不可以做，凡是有益於他人大眾身心健康的事，不得不做。消極面是已作之惡要改過，未作之惡令不起；積極面是已作之善要增長，未作之善要開發。

修定，可以用打坐的方法。打坐能使人在平常生活中經常保持情緒的穩定、人格的健全。如果沒有足夠的時間和空間打坐，也可以念佛安心。前一陣子我在臺北時，有一位國大代表見我，他說剛才在陽明山中山樓開會時吵了一架，甚至有人說粗話罵「三字經」。我勸他：「下次別人罵你們三字經，你就改念『阿彌陀佛』的四字經，架就吵不成了。念佛之後，就能心平氣和，就能好好地商談溝通了。」除了打坐與念佛可以安心定心，誦經、禮拜等，也都能產生心平氣和的作用。

修慧，是要看佛經、佛書，看有益於身心健康及精神修養的書籍，而佛書是最好的，它能讓我們心胸豁達、氣度恢宏，建立人格的座標。

從聞、思、修的三慧，能夠獲得利益的經驗，名為證慧。證慧的最高深點，便是大覺智者的佛果位。

至於如何在日常生活中成長自我的智慧與慈悲？當從慚愧、懺悔、感恩的三方面努力。

「慚愧」的意思是自知對不起自己稱為慚，自知對不起他人稱為愧疚。一般自負、自大、狂傲、驕慢的人，不會產生慚愧心，總覺得自己無愧於天，無愧於地，也對得起自己的良心。像這樣的人，在智慧和慈悲方面，是不容易成長的。有了慚愧心，便會謙虛禮讓。儒家也說，滿招損，謙受益。自知有所不足和有所缺失，是自我的檢討反省，便有改過改進的可能，否則錯上加錯，哪裡還有自我成長的機會。所以慚愧心是人格的清潔劑，在清理了染汙物之後，向著既定的方向，繼續努力做自己應該做的事。

「懺悔」就是承認自己的過失，承擔應負的責任。譬如做老師的人，沒有盡到老師應盡的責任，對不起學生，就是用懺悔心來彌補；小過失對自己的良心懺悔，大過失當對學生的面懺悔，懺悔不會丟臉，懺悔也不等於老師永遠就有過錯，那是表示勇於負責、勇於改過的態度。有些人不懂得懺悔的真義，他們在神前或佛前，焚香祈禱，說是犯了錯害了人，請求神佛，網開一面，原諒他們無知；這樣在神佛的偶像之前懺悔之後，便以為不再受到應得的懲罰了，下一次有了機會，再三再四地犯錯害人，又再三再四地去焚香祈禱表示自己的無知，請求神佛原諒他們的無知。這種懺悔的心態不正確，也不能收到懺悔的功效。

「感恩」不僅是一般人所說的回饋，應該是飲水思源，感念之情常繫心頭。所謂恩人，究竟是誰呢？除了父母是最親的恩人之外，凡是在你的生命中對你有益有助的人，都是恩人。恩人可有兩類：一是為你順水推舟的人，二是使你逆水行舟的人。一般人僅以順水推舟的人為恩人，給你打擊、批評、誹謗、阻擾的人，便以為是仇人。其實，那些人使你從逆境中受到鍛鍊，助你久煉成鋼，豈可以說不是恩人。例如釋迦牟尼在《法華經》中說過，他的一個叛逆弟子提婆達多，將來一定成佛。因為從釋迦牟尼在過去無量劫前發菩提心後，提婆達多都是給他逆向的幫助——打擊、阻撓、破壞。提婆達多使釋迦牟尼得到了磨鍊，使他成了佛，所以有大恩德。

諸位菩薩，在你們的生命史中，這樣的恩人多不多呢？如果有，在你們心裡是怨恨抑是感恩呢？一般人要做到不怨恨已經很不容易，何況要向這種人感恩！曾有兩位法師，因為細微的法義之爭而吵了一輩子的架，彼此發誓不想見面。逢到佛教界有聚會的時候，兩人都會先問有沒有對方參加，如果有一方參加了，另一方就不參加。另有第三者跟其中的一位說：「我們大家總有一天要到極樂世界去，你們兩位也要去啊！怎麼現在就有他沒有你，有你沒有他地吵個不休呢？」那位法師說：「阿彌陀佛，如果那個魔王也能到西方極樂世界，那還是什麼極樂世界嗎？他都去了我還想去嗎？」雙方怨恨到如此程度，還是兩位出家人呢！不過出家人也還是人，所以也會產生怨恨。畢竟不是為了私利而為法義，故在兩位法師中，有一位在臨終前悔悟了，他留下遺言說：「我一生中最大的遺憾是與某某法師為了佛法的觀點之爭，吵了一輩子架，並且從此不相往來。我死之後，希望某某法師能夠原諒我，能來參加我的葬禮。」因此使得另外一位法師在葬禮上痛哭流涕地說：「阿彌陀佛，我怎麼跟他吵到死為止呢？還是他先原諒了我，他真是成佛了，而我卻仍是個丟不下怨恨心的鬼。」

像這樣的一個故事告訴我們，產生怨恨心是很容易的，消除怨恨心則很難，如果能把恨得很深的人當成恩人看待，是極不容易的事，但是我們要練習，不練習就沒有智慧，也沒有慈悲。人在一生中，多多少少總會遇到像這樣助你逆水行舟的人，如果你從來沒有遇到過，總是一帆風順地走過人生，你真是一位福德殊勝、因緣殊勝的人了。

七、自我的消融

自我的消融，是要從自我肯定及自我成長的過程中逐漸完成的。如果連自我是什麼都不知道的人，同他談自我消融是毫無價值的。譬如對一個不知道錢為何物的人，說不要錢，便等於廢話。諸位不要因為聽到說佛教講「無我」，就等於否定了自我的價值。所以一定先要有我，然後才能無我。

我是什麼？是生命加身體。可以用一個「十」字來標示，豎的一條線代表時間，橫的一條線代表空間。在時間這條線的座標上不斷地移動的是生命，昨天在，今天在，明天還在，表示我還活著，這是生命的存在；在空間這條線的座標上，我的身體要占據一個位置，或是在這裡，或是在那裡，不停地移動，表示我有一個活著的身體，在兩條線的交叉處「十」，便是活動於時間和空間中的自我價值的存在。自我的價值，包括正面的和負面的。正面的價值是獲得的成就，負面的價值是遇到的挫折，成就和挫折使人產生了愛和憎，因此愛和憎相加，也等於自我。愛什麼？首先是愛自己的身體所擁有的生命，有了命，另外想愛的東西就多了，財、色、名、位、權、勢等，恨不得整個世界都屬於我的。可惜的是，世事無常，包括老命在內，一切的東西，都不能保有多久。因此，身體加生命，所構成的自我，是那般地脆弱與無奈。因此，自我的另一個代名詞就是「無常」。從觀念上說，這是人人都可以接受的，故也人人可把自我消融。自我消融就等於佛說的無我。

但諸位不要害怕，一聽到無常、無我的道理之後，回家去就會連先生、太太、孩子都不要了。因為一切都是無常嘛！因為自我消融，並不等於不負責任。

何況無常無我，也不就是什麼也沒有，尚須有慈悲的責任及智慧的功能。

無常並非不好，如果當你正處在接受厄運折磨的情況下，因為厄運也無常，你就不會絕望，往往厄運過後否極泰來；因緣的轉變，壞事可成善果，這種因緣就是自己的努力，加上時勢、環境等的配合。菩薩就是按照因↓緣↓果的法則，從凡夫轉化為聖人，從菩薩完成佛果。成長到佛的層次，就是從自我的成長中，逐步完成了自我消融的境界。當在沒有達到這個徹底的消融自我之前，就要練習著如何來自我消融。《金剛經》上說：「過去心不可得，未來心不可得，現在心不可得。」從時間上來說，過去的已過去，未來的尚未來，現在的，轉眼即成為過去，都只有過程而無實在的東西，所以都不能執著，執著也是幻境，如把幻境當作實有，就會變成自我的累贅。人生的過程，猶如火箭升空，火箭從發射台發出而飛向太空的過程中，每隔一段時間，就要扔掉一節已經用完燃料的廢物，若不扔掉就會成為阻礙火箭繼續升空的累贅。人要自我成長，就像要上升的火箭一樣，不斷地丟掉累贅的廢物；使用燃料時那是儲蓄著動力的有用之物，用完了動力不扔掉它的空殼，便成上升前進的累贅。人生應當要不斷地落實於現在，努力於現在；有了成就，而能不執著成就，便是自我消融。

《金剛經》裡，尚有這樣的幾個名詞：「無我相、無人相、無眾生相、無壽者相。」「我相」是個人與另一人相處而存在；「人相」是因為我相而存在；「眾生相」是從我與許多人相處而存在；「壽者相」是自我中心在時間上的延續。如果世界上只有「我」一個人，便不會感覺到我的存在，因為有我與別人的相對比較，才有自我價值的出現。我的成敗得失，是相對於別人的存在而浮現出來。一旦能夠把自我價值的情執化解消融，便會體驗到《金剛經》所說的無我、無人、無眾生、無壽者的四相，其實就是自我的消融，也就是自我的最高人格的完成。

消融了自我的執著、自我的煩惱，便能顯現出無我的大智慧以及平等的大慈悲；實際上就是自我的無限自在與無限包容。可以稱之為空，也可以稱為無我、無相、無住、無念，一切都無，唯有智慧與慈悲的功能，在世間的眾生群中，永無休止地展現於無窮空間及無盡時間的內外中間。

（戴玉冰居士整理錄音帶，經聖嚴法師三度刪修成稿於一九九五年元旦）

附錄一

法鼓山社會菁英禪修營活動日程表

第一天	
時　間	活 動 內 容
14:00 ～ 16:00	報到
16:15 ～ 16:30	觀看禪修營錄影帶
16:30 ～ 16:45	師父開示
16:50 ～ 17:30	晚課
17:30 ～ 18:00	藥石（晚餐）
18:00 ～ 18:50	休息（沐浴）
19:00 ～ 21:45	師父開示（介紹禪修規則及禪堂規矩、打坐）
21:45 ～ 21:55	晚茶
22:00	安板（就寢）

第二天	
時　　間	活 動 內 容
5:00 ～ 5:30	打板（起床、盥洗）
5:30 ～ 6:10	早課
6:10 ～ 7:20	早齋、師父開示
7:20 ～ 7:50	休息
8:00 ～ 9:30	禪修指導及練習
9:30 ～ 9:40	早茶
9:40 ～ 11:20	禪修指導及練習
11:20 ～ 12:25	午齋、師父開示
12:25 ～ 13:15	休息
13:30 ～ 15:30	禪修指導及練習
15:30 ～ 15:40	午茶
15:40 ～ 16:50	禪修指導及練習
16:50 ～ 17:30	晚課
17:30 ～ 18:00	藥石（晚餐）
18:00 ～ 18:50	休息（沐浴）
19:00 ～ 20:30	師父開示
20:30 ～ 21:45	禪修指導及練習
21:45 ～ 21:55	晚茶
22:00	安板（就寢）

第三天	
時　間	活 動 內 容
5:00 ～ 5:30	打板（起床、盥洗）
5:30 ～ 6:10	早課
6:10 ～ 7:20	早齋、師父開示
7:20 ～ 7:50	休息
8:00 ～ 9:30	禪修指導及練習
9:30 ～ 9:40	早茶
9:40 ～ 11:20	法鼓山簡介
11:20 ～ 12:25	午齋、師父開示
12:25 ～ 13:15	休息
13:30 ～ 15:00	分組討論
15:10 ～ 16:40	綜合討論
16:40 ～ 17:00	師父總結
17:00 ～ 17:30	藥石（晚餐）——自由參加

附錄二

法鼓立姿八式動禪

勸請大家來推廣

非常高興大家來學習「法鼓立姿八式動禪」，這個方法是非常實用的，而且處處可用，人人皆可用。諸位學了以後，不是自己用就夠了，還必須加以推廣。

這些動作是經過我自己體驗後，覺得確實可用，我才有信心來教導大家。大家學了以後，如果覺得對自己的健康有益，那你就要發大悲願心來推廣。如果你是以自私心來學，或者以姑且學學看的心理來學，你回去以後，可能就不會時常練習。只有發了菩薩心，抱著為社會大眾安定身心的心情來學習、推廣，才能真正達到目的。

為了推廣，大家一定要懇切地練，每天練，練到你開始練習時，高升的血壓馬上往下降，衝動的心理反應馬上消失；平時在面對任何狀況，都能夠以安定、平和的心來面對。

為了助益大眾，請大家一定要好好地發菩提心、發悲願心來學習「法鼓立姿八式動禪」。

法鼓山創辦人

聖嚴

一、認識法鼓立姿八式動禪

（一）緣起

為了讓緊張忙碌的現代人，能夠簡便地享受禪法的奧妙，法鼓山聖嚴法師依據多年的實修體驗，將禪修心法融入運動中，發展出「法鼓立姿八式動禪」。除了能運動健身，也能使人身心獲得放鬆，達到健身與調心的目的。

「法鼓立姿八式動禪」是一套不拘時間、不拘地點，而且簡單易學、有益身心的「動中禪」。只要能勤加練習，在行、住、坐、臥之中，都能以動禪的修行方式，清楚享受身心放鬆的感覺，讓人安定自在，一舉手一投足都充滿禪悅與法喜。

為推廣「法鼓立姿八式動禪」，法鼓山禪修中心在二〇〇三年四月，培訓了第一期共一百二十二位的義工講師，同時開始在全臺各地教授，普遍受到各地民眾的好評。為方便講師教學及學員自修，除了已編印講師手冊並製作教學DVD，特再編印此份學員手冊，以期教學效果更為彰顯。

（二）功能

「法鼓立姿八式動禪」除了具有健身的效果外，還能調心，幫助人們將散亂心轉為專心，並進而達到身心合一。勤加練習後，可應用在生活中，時時放鬆身心、放下身心，最後並可達到禪法的最高目的——智慧的開發。

（三）對象

「法鼓立姿八式動禪」不分男女老幼，不論健康或患病，任何人都可以做。

（四）時間

任何時間都可以做，若是飯後半小時內，建議用散步去體會動禪的心法——清楚與放鬆。

（五）地點

只要空間足夠、空氣流通，室內、戶外均可。

（六）動作順序

「法鼓立姿八式動禪」的順序是：先將全身關節韌帶拉鬆，然後從頭到腳，從局部運動到全身運動。只要依照這樣的順序，全身筋骨肌肉都能獲得運動，而且能避免運動傷害。

「法鼓立姿八式動禪」全部做完約需三十分鐘，如果時間允許，應該八式都做，甚至重複多做幾次，更能感受到全身的舒暢。如果時間不允許，亦可拆成幾個段落分開做。

（七）心法次第

「身在哪裡，心就在哪裡」是動禪的基本原則，相應的心法次第是「清楚↓放鬆↓全身放鬆」。

1. **清楚：從清楚局部的動作到清楚全身的動作**

這是練習身心合一的第一步。練習「清楚」時，首先就會發覺自己的心是散亂的，不斷練習清楚自己的動作，慢慢地可以從散亂心進入專心。

2. **放鬆：從清楚局部的緊張到清楚局部的放鬆**

一般人並不知道自己的身體是緊還是鬆，如果練習著把心安住在身體的動作上，便可進一步體會到身體肌肉筋骨，從緊張到放鬆的過程，體會身心合一時，身體放鬆的狀態。

3. **全身放鬆：從局部的放鬆到全身的放鬆**

完全的身心合一，不只是身體局部放鬆，而是全身都放鬆。因此，必須練習將身體局部的放鬆擴大到全身的放鬆。如果運動中能持續不斷地放鬆身心，最後必能享受到全身的放鬆，從而體會到禪悅與法喜。

（八）修習要訣

1. **自然呼吸：**不控制呼吸，不刻意注意呼吸。

2. **注意身體狀況**：少數人在做第二式「頸部運動」、第四式「擎天觸地」及第六式「轉腰畫圈」時，會有頭暈的現象。如果有這種情形，在做這三式運動時請張開眼睛，運動幅度減小，同時放慢速度，如此就可獲得改善。

3. **避免運動傷害**：做第四式「擎天觸地」，身體下彎時，要從頸椎、胸椎、腰椎到尾椎，一節一節地彎曲，上舉時，同樣要感受脊椎一節一節地由下往上打直，而非脊椎一下子整個打直地彎下，整個打直地上舉。這樣一節一節地彎曲、上舉，除了加深運動效果，也可避免腰部的運動傷害。

4. **「清楚與放鬆」重於動作的標準**：要以最舒服的感覺來做動禪，不一定強求動作標準，重點要放在禪的體驗，才能體會到身心合一的全身放鬆。

二、立姿分解動作說明

【起式】

動作說明

1. 雙手合十。
2. 身體放鬆，兩腳張開與肩同寬，兩手自然下垂。

【第一式：扭腰甩手】

動作說明

1. 向左向右轉腰甩手，兩腳不動。
2. 一手順勢輕拍肩膀，一手輕拍背部。
3. 清楚雙手拍肩的感覺。
4. 清楚腰部帶動雙手的感覺。
5. 清楚全身運動的感覺。
6. 清楚腰、手放鬆的感覺。
7. 清楚全身放鬆的感覺（二次）。
8. 享受全身放鬆的感覺（二次）。
9. 結束時雙手合十。

【第二式：頸部運動】

（動作1～5）

動作說明

1. 身體放鬆，兩腳張開與肩同寬，兩手自然下垂。
2. 頭部緩慢地左傾，耳朵盡量貼近左肩。清楚頸部右側伸展的感覺。
3. 頭部緩慢地右傾，耳朵盡量貼近右肩。清楚頸部左側伸展的感覺。
4. 頭部緩慢地左傾。清楚頸部右側伸展的感覺，清楚全身放鬆的感覺。
5. 頭部緩慢地右傾。清楚頸部左側伸展的感覺，清楚全身放鬆的感覺。
6. 頭部緩慢地回正。

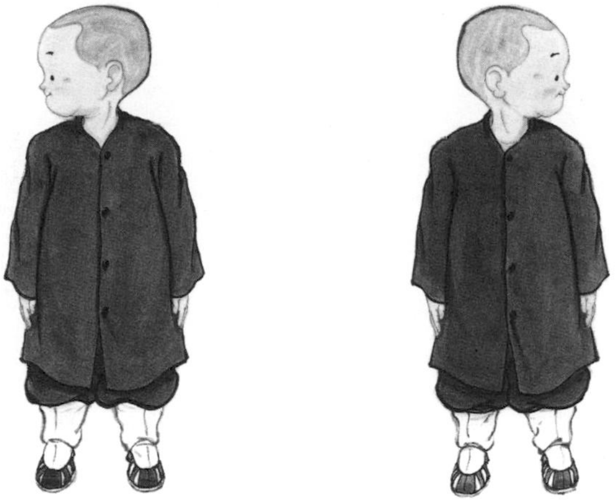

（動作7～9）

7. 頭部緩慢地往左後轉，頭部緩慢地往右後轉。清楚頸部扭轉的感覺。

8. 頭部緩慢地往左後轉，頭部緩慢地往右後轉。清楚全身放鬆的感覺。

9. 頭部緩慢地往左後轉，頭部緩慢地往右後轉。享受全身放鬆的感覺。

10. 頭部緩慢地回正。

（動作 11～14）

11. 頭部緩慢地往下，下巴盡量接觸前胸。清楚頭部伸展的感覺。

12. 頭部緩慢地往後。清楚下巴向上伸展的感覺。

13. 頭部緩慢地往下。清楚頸部伸展的感覺，清楚全身放鬆的感覺。

14. 頭部緩慢地往後。清楚下巴向上伸展的感覺，清楚全身放鬆的感覺。

15. 頭部緩慢地回正。

16. 結束時雙手合十。

【第三式：腰部運動】

動作說明

1. 身體放鬆，兩腳張開與肩同寬。
2. 兩手叉腰，虎口向下。
3. 腰部從左至右緩慢地旋轉。
4. 清楚腰部旋轉的感覺。
5. 清楚全身運動的感覺（二次）。
6. 清楚腰部放鬆的感覺。
7. 清楚全身放鬆的感覺（二次）。
8. 享受全身放鬆的感覺（二次）。
9. 反方向旋轉，重複動作3至動作8。
10. 結束時雙手合十。

【第四式：擎天觸地】

動作說明

1. 身體放鬆，兩腳張開與肩同寬。
2. 十指交叉，兩手緩慢上舉，盡量伸展。清楚雙手伸展的感覺。
3. 兩手緩慢往下，身體緩慢下彎，雙掌盡量觸地。清楚腰部、腿部伸展的感覺。
4. 兩手緩慢上舉。清楚雙手伸展的感覺，清楚全身伸展的感覺。
5. 兩手緩慢往下。清楚腰部、腿部伸展的感覺，清楚全身伸展的感覺。
6. 兩手緩慢向上伸展。清楚雙手放鬆的感覺，清楚全身放鬆的感覺。

7.兩手緩慢向下伸展。清楚腰部、腿部放鬆的感覺，清楚全身放鬆的感覺。

8.重複動作6及動作7。

9.兩手緩慢向上伸展。享受全身放鬆的感覺。

10.兩手緩慢向下伸展。享受全身放鬆的感覺。

11.重複動作9及動作10。

12.身體緩慢回復直立。結束時雙手合十。

【第五式：甩手屈膝】

動作說明

1. 兩腳張開與肩同寬，兩手自然下垂。
2. 雙手前後擺動，雙膝順勢彎曲。
3. 清楚雙手擺動、膝蓋抖動及全身運動的感覺（二次）。

4. 清楚雙手放鬆、膝蓋放鬆及全身放鬆的感覺（二次）。
5. 享受雙手放鬆、膝蓋放鬆及全身放鬆的感覺。
6. 結束時雙手合十。

【第六式：轉腰畫圈】

動作說明

1. 身體放鬆，兩腳張開與肩同寬。
2. 兩手緩慢上舉與肩同寬，掌心相向做抱球狀。
3. 身體緩慢由左至右，由上往下做三百六十度環繞。
4. 清楚腰部轉動的感覺。
5. 清楚腰部帶動雙手的感覺。

6. 清楚全身運動的感覺（二次）。

7. 清楚腰部放鬆及全身放鬆的感覺（二次）。

8. 享受全身放鬆的感覺（二次）。

9. 反方向旋轉，重複動作4至動作9。

10. 結束時雙手合十。

【第七式：膝部運動】

動作說明

1. 身體放鬆，兩腳併攏。
2. 膝關節彎屈，兩手置於大腿上。
3. 膝蓋由左至右緩慢地旋轉。
4. 清楚膝蓋旋轉的感覺。
5. 清楚全身運動的感覺（二次）。
6. 清楚膝蓋放鬆的感覺。
7. 清楚全身放鬆的感覺（二次）。
8. 享受全身放鬆的感覺（二次）。
9. 反方向旋轉，重複動作4至動作8。
10. 結束時雙手合十。

【第八式：左右伸展】

動作說明

1. 全身放鬆，兩腳併攏。
2. 左腳緩慢地前弓，右腳伸直，雙手前後伸展。
3. 身體緩慢回正，雙手合十。
4. 右腳緩慢地前弓，左腳伸直，雙手前後伸展。
5. 換邊，清楚雙手伸展的感覺。
6. 換邊，清楚頸部、腿部、腰部伸展的感覺。
7. 換邊，清楚雙手伸展的感覺，清楚全身伸展的感覺（二次）。

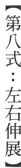

8. 換邊，清楚頸部、腿部、腰部伸展的感覺，清楚全身伸展的感覺（二次）。
9. 換邊，清楚雙手放鬆的感覺，清楚全身放鬆的感覺（二次）。
10. 換邊，清楚頸部、腿部、腰部放鬆的感覺，清楚全身放鬆的感覺（二次）。
11. 換邊，享受全身放鬆的感覺。
12. 換邊，享受全身放鬆的感覺。
13. 雙手合十後，停頓幾秒。
14. 法鼓立姿八式動禪結束。

聖嚴書院 1

聖嚴法師教禪坐

Master Sheng Yen on Chan Meditation

著者　聖嚴法師
繪者　劉建志
出版　法鼓文化
總審訂　釋果毅
總監　釋果賢
總編輯　陳重光
編輯　林文理、李書儀
封面設計　舞陽美術文化事業有限公司‧吳家俊
內頁美編　小工
地址　臺北市北投區公館路一八六號五樓
電話　(02)2893-4646
傳真　(02)2896-0731
網址　http://www.ddc.com.tw
E-mail　market@ddc.com.tw
讀者服務專線　(02)2896-1600
初版　原東初出版社一九九五年初版
四版一刷　二〇二〇年十一月
四版三刷　二〇二三年九月
建議售價　新臺幣一八〇元
郵撥帳號　50013371
戶名　財團法人法鼓山文教基金會—法鼓文化
北美經銷處　紐約東初禪寺
Chan Meditation Center (New York, USA)
Tel: (718) 592-6593　E-mail: chancenter@gmail.com

國家圖書館出版品預行編目資料

聖嚴法師教禪坐 / 聖嚴法師著. - 四版. -- 臺北市 : 法鼓文化, 2020.11
面； 公分
ISBN 978-957-598-866-1（平裝）

1. 佛教修持 2. 禪定 3. 靜坐

225.72　　109013001